シリーズ教師のしごと

1

生活指導とは何か

全生研常任委員会 企画
竹内常一・折出健二 編著
【編集代表】

高文研

「シリーズ教師のしごと」刊行の辞

教育基本法が廃止され、新教育基本法が制定され、二〇一五年現在で一〇年を経過することになったが、それで学校は子どもと教師と保護者にとって「幸福追求」の「場」になっただろうか。

最近、ある小学校教師から学年始めの同僚教師たちの動き方を聞く機会があった。かれによれば、「学年始めの学級担任のしごとは、一人ひとりの子どもによって生きられている生活と学習の現実を知り、その現実をよりよいものに変えたいと願う一人ひとりと子どもと集団のニーズを引き出すことであるはずなのに、いまはまったく違う」。

「教師たちが学年始めにすることといったら、アンテナを高く立て、職場の空気を読み、力関係をおしはかり、足並みをそろえる気遣いをし、力あるものにたいする自分の立ち位置を定めようとすることだ」という。

「しかし、」とかれは言葉をついで、「いちばん困ることは、この教師たちの『関係づくり』のなかで教育実践のすすめかたがなんとなく決まっていくというか、無自覚、無責任に画一化していくということだ。どのクラスの学級目標も同じとなり、教科書、ワークブックの指導の進度も同じでなければならない」ことになる。

最近は、こうした傾向が強くみられるのは「道徳」の授業だ。「もう文科省（文部科学省）は強制しなくても、こうした教師たちからなる学校は文科省の先を行っている」と怒りをにじませて話したが、文科省もこうした教師たちによって「積極的な市民性」などを育てることは不可能だと思っているに違いない。

こうした話を聞いた折も折、教師に対するふたつの政策が自民党教育再生実行本部と文科省において構想されているという報道に接した。

そのひとつの自民党教育再生実行本部の構想は「教員免許の国家資格化」といわれるものである。それは、大学において教員養成課程を履修した後に国家試験と一～二年程度の学校でのインターンを経て初めて教員免許状を授与するというものである。

いまひとつの文科省の構想は、小・中・高の教員が段階に応じて身に付けるべき能力を示した「育成目標」をつくり、教育経験や学校内の役割・地位に応じて必要とされる「育成目標」を選択・研修して、キャリアアップしていくことを促すというものである。

二つの教員政策の構想は、改憲のプログラムの具体化に呼応して、学校のあり方、教師のしごとの仕方をこれまで以上に大きく変えようとする「教育改革」の一環である。

その「学校改革」は、一方では、「道徳」「公民」の特別教科化と「ゼロトレランス」の採用、他方では、「授業のスタンダード」と「ビッグデータにもとづく子どもの学習のシステム化」として具体化されつつある。

こうした憲法改正と歩調をあわせた「教育改革」と教員統制のなかで、教師たちは教師としての仕事ぶりを問い、迷い、たちつくす日々を送っているのではないだろうか。そればかりか、教師としてのアイデンティティを根底からゆさぶられているのではないだろうか。

そうした時代を生きる教師の迷い、揺れ、絶望に応えるために、私たちは第一巻『生活指導とは何か』、第二巻『生活指導と学級づくり　小学校』、第三巻『生活指導と学級づくり　中学校』からなる本シリーズの刊行にふみきった。シリーズの執筆者は全国生活指導研究協議会（一九五九年創立）に属する実践家と研究者であるが、「生活指導」という教師の営みは子どもの生活と生き方の指導をとおして学校と教師のあり方を問いただし、子どもたちが自分たちの未来を切り拓くことに責任を負う実践であるところから、本シリーズのタイトルをあえて『教師のしごと』とした。寛恕されたい。

編集代表　竹内　常一

まえがき

いま・ここで教師として生きている自分が身につけて、善かれと思い行動しているその子ども観や経験知は果たして、子どもたちの発達と変革のニーズに合っているか、問い直してみませんか。

古来より、眼で（自分の）眼は見られないと言われます。市場の競争と評価が全ての価値を決めるという市場原理に立つ自由主義（新自由主義）のもとで、その影響する只中の現場にいて日々奮闘していると、今どういう位置にいて、どこに向かって自分の仕事を高めていくのかが見えなくなるのも無理はありません。そのために、解決を急ごうとして身近なスキルやノウハウに頼ってしまいがちです。

生活指導のしごとは、子どもの生活現実が常に生きたテキストであり、逃げ出すことのできない「問い」がそこにある以上、自分の立ち位置を見失うことは指導の原点を危うくすることでもあります。たとえば、行政が用意した〝役立つマニュアル集〟など、そうした直接的な対応が、じわじわと子どもを支配し管理する方向に加担していくのだとしたら、果たしてそのまま黙認していていいでしょうか。

教師は、この激変の時代にあって子どものかたわらに立ち、そこから逃げ出さないで子どもたちの市民的自立を支えていく仕事のプロフェッションであるからこそ、現実の構図を読み取り、指導にまつわる固定観念は棄ててでも、新たに切り拓く道に向き合うことが必要です。

子どもをますます管理するスキル的な「指導」にのめり込むと、その仕事を重ねるほどに、教師は自分自身のこころを渇いたものに変えていき、子どもや同僚・保護者などの他者への思いは育つどころか、他者を「操作する相手」とみる感覚がふくらんでいく。これが新自由主義の仕組みが持つ人格形成作用の怖さです。アトム化と他者の喪失、他者のモノ化、実は自分の関係性の枯渇化。そうした社会の意識の裂け目を狙って、「大国日本」の意識づくり、「国への貢献」意識の喚起などの意図的な情報操作が、事態を速いテンポで右傾化させていっています。

こうした時代の構図を視野に置きながら、このたび、「シリーズ　教師のしごと」の第一巻として本書を刊行することになりました。全国生活指導研究協議会の研究全国委員と常任委員が執筆しています。

生活指導は、何よりもまず子どもの生活から出発し、子どもの生活に還ると言われてきました。本書では、現代の子どもが抱える生きづらさは、発達に必要な生活が奪われていることにあることを具体的事例で明らかにし、この現実においてどのような関係性を築いていくかを述べています（Ⅰ章）。

子どもたちのいじめの構図は孤立と排除という関係性のひずみ問題を含んでおり、この実践的な転換を子ども集団自身のちからで進めることが「学級集団づくり」であること、そしてその教育的意義は、子どもたちがほんらい必要としている生活と学習を立ち上げていくこと（生活と学習の民主的共同化）にあることを、指導方法論の論点も含めて、掘り下げています（Ⅱ章）。

他方、この間進められている「教育改革」は、教育行政が教育・学校に介入して競争的なルールをどんどん拡大し、その下で子どもたちは、自分自身を管理するマネージャーに仕立てられるほどに、外側からだけでなく内側からも追い立てられています。今こそ、生活指導がもともと有しているケア的側面を豊かに発揮させ、この「ケア的転回」によって子どもたちの自治的集団づくりを進めていく必要があります（Ⅲ章）。

「新しい学力観」によって子どもたちは、「関心・意欲・態度」など学習における心の持ち方や態度までも「学力の主要な要素」と見なされ、知的・認識的主体に育つ学びの実質が奪われる状況に立たされています。そのなかで、教科・教材を介して自己・他者・世界と出会い直すことで、現実を再定義する学びを獲得することができます。このことを実践例にそくして考察しながら、解明しています（Ⅳ章）。

これまでの四つの章に示されている取り組みは、子ども一人ひとりを市民としてとらえ、その市民的な権利を社会参加へと開いていく「子どもの権利条約」に通ずるものです。私たちは『新版　学級集団づくり入門』（小・中学校編）以来、子どもを市民として遇し、市民にふさわしい尊敬と要求をもって子どもに関わる生活指導の展開を切り拓いてきました（V章）。

その一方で、今や、教育現場では「ゼロ・トレランス」方式がマニュアル化され、「道徳の特別教科化」に向けて事態が進むなど、現実的な対応の名の下に、子どもたちの多様な生活現実と生き方をまるでローラーでならすかのような強制と管理のスタイルに教師のしごとを変質させようとする外圧があります。「普遍的価値」の名の下に個が抑えられるこういう時こそ、生活指導は、一人ひとりの子どもの倫理性を視野に入れた人間的自立の支援と援助の必須の仕事であることを、本書は明らかにしています（VI章）。

本書が世に出る頃には、「特別の教科　道徳」の教科書検定基準が具体化し、「アクティブ・ラーニング」など新方式かとまどうほどの教授・学習モデルが行政の主導でもてはやされたりして、教師のしごとは、大きく変えられていくでしょう。さらに、国政レベルでの「安全保障法制関連法案」の審議は、わが国に平和と安全をもたらすどころか、教え子を戦場に送ることになる重大リスクをもたらしかねません。

そういうなかで子どもにたいする教師の営みがさまざまな角度からきびしく問いなおされることになるでしょう。そうした問いなおしにたいして、本書は、生活指導は子どもたちをエンパワーしつつ、教師・保護者をもエンパワーしていくものであること、子どもと教師と保護者の関係性の民主的な再構築に子どもの学びと自治の復権のカギがあることを示しています。本書が日々の教育実践のなかに活かされ、教師再生・教育再生の糧にしていただければ、編著者としてはこの上ない喜びです。

二〇一五年七月

編著者　竹内　常一
　　　　折出　健二

●——もくじ

II　学級集団づくりをどうすすめるか
――「いじめ」、孤立と排除の状況を転換する

（照本　祥敬）

III　生活指導におけるケアと自治

（竹内 常一）

Ⅳ　生活指導と授業——学びから世界参加へ（山田　綾）

❖参考文献

Ⅰ　全生研基本文献（1）――常任委員会編著の入門書
Ⅱ　全生研基本文献（2）――大会基調提案集成
Ⅲ　生活指導・集団づくりの理論的深化と展開の足場を築いた諸著作
Ⅳ　民間教育団体等による関連の著作

（折出　健二）

章扉イラスト：なるせ　ようこ

I

現代の子どもの抱える生きづらさと生活指導

――個人指導と関係性の指導に視点をあてて

楠　凡之

1　子どもとともに生きる教師であるために、今、求められているもの

（1）否定的な言動をとおして子どもが求めているものは何なのだろうか？

◆ある若手教師の実践レポートから

ある時、太郎（小二）が鉛筆を指に挟んで「刺してやろうか」というのを、ある子が「やめな！」と厳しい口調で制止した途端、「刺してやる！」とその子に向かって鉛筆を投げつけ、小さなけがをさせてしまった。「何やってるの！」と咎めた途端に激しく泣く太郎。太郎に「あなたがやったことは絶対に駄目なこと。まず謝って、もうやらないと約束して！」と言っても「うるさい！」と暴言を吐く。それでも説得を続けると、「じゃあ謝ってやるから、ここに連れてこい！」「それはできない。太郎が謝らないとみんなが不安になる」「ごめんだけでいい？」となり、けがをした子どもがいる保健室へ行く。保健の先生に促されて何とか謝ることはできた。しかし、養護教諭に「どうして鉛筆を指に挟んでいたの？　武器？　学校に武器はいらないよ」と言われた途端、猛烈に泣き出し、「うるせえ、こんな保健室なんか爆破してやる！」と言って飛び出していく。廊下に出て「やったことは悪かったけど、しっかり謝れたこ

とは本当によくがんばったね」と言っても、「こんな学校なんかぶっ壊れればいいんだ。みんなぶっ殺してやる」と言って取り合おうとしなかった。

太郎がぶっ壊したかった学校とはどんな学校だったのだろうか？　そして、そのような暴言を吐きつつも、太郎が教師、そして学校に求めていたものはいったい何だったのだろうか？　そこに教師と子どもがつながっていくための手がかりがあるように思われる。

今日、多くの子どもたちが日々の生活のなかで様々な傷つきや生きづらさを抱えて生きている。しかし、子どもがそれらの思いをことばにして表現することは容易ではない。それどころか、自分が何に傷つき、何に苦しんでいるのか、にそもそも気づいていない場合さえ少なくない。その結果、子どもはしばしば自分の思いを症状や問題行動のかたちで表出してしまうのである。この太郎も、自分の傷つきを「刺してやる」というような攻撃的な言動でしか表現できなかったのであろう。

しかし、子どもに誠実に向き合おうとしている教師であっても、子どもの言動の背後にある思いを共感的に理解していくことは容易ならざる課題である。

（2）子どもと共に生きる教師であるために

当然のことながら、目の前の子どもは教師とは異なる生活現実を生きてきている。その生活現実は、時には教師が体験してきたものとはあまりにも異なっているがゆえに、これまでの知識や経験からは了解困難なものになってしまうのである。しかし、もしも太郎の生きている生活現実を了解できていれば、「あなたがやったことは絶対に駄目なこと。まず謝って、もうやらないと約束して！」という言葉が、太郎がすんなりとは受け入れられるものではないことに気づくことができたのではないだろうか。

「子どもと共に生きる教師」であるためには、まず、子どもの生活現実と子どもの目に映る他者や世界の姿からリアルに学んでいくことが必要不可欠であろう。もしかしたら、それはこれまでの自分の世界観さえ揺るがされかねないものであるかもしれない。しかし、そのようにして子どもとの関わりのなかで自分がこれまで当然と感じてきた価値観を揺さぶられ、自分自身が変えられていくことなしには「子どもと共に生きる教師」として成長していくことはできないのではないだろうか。そして、このような視点こそが、今日のいわゆる「毅然たる指導」――それらの多くは、教師自身は決して変わることなく、子どもに一方的に変わることを求めるものである――に最も欠落している視点なのである。

繰り返しになるが、子どもとの関わりを通した学びと気づきによってたえず自己の子ども観、世界観を変革し続ける努力を続けることこそが、真の意味で「子どもと共に生きる教師」になるための必要条件なのである。

2　今日の子どもたちの抱える生きづらさや葛藤をどう理解するのか

今日の子どもたちにあらわれる様々な問題の中には、しばしば今日の子どもの抱える様々な生きづらさや葛藤が内包されている。ここでは大きくは二つの観点から考えてみたい。

(1) 家族のなかでの虐待とネグレクトの日常化

今日の新自由主義的競争原理の強まりと貧困問題の深刻化は子育ての市場化・外注化と孤立化を一層進行させてきている。

ちなみにここでいう貧困とは決して経済的な貧しさだけを意味しているのではない。かつての時代の庶民の暮らしは、経済的には貧しくても、お互いの生活の困難さを支え合っていく相互扶助の関係はしばしば存在していた。しかし、現在の貧困家庭のほとんどは地域からも孤立しており、人間らしく生きていく上で必要不可欠な社会的なつながりをも剥奪されている。

それと同時に、今日、経済的に裕福な階層であっても、我が子をいわゆる「勝ち組」に入れるための子育て競争のなかで、お互いの不安や悩みを受けとめ合える関係を奪われているという点では共通している。

そして、既に一九八〇年代後半には指摘されていた「教育家族」と「崩壊家族」の問題(注1)はより一層深刻化しており、子どもにたいするパワーの濫用・誤用・不適切な使用としての「児童虐待(child abuse)」の問題はもはや日常的なものになってきている。

ここでは、家族のなかで子どもが抱える生きづらさについて、いくつかのタイプに分けて考えてみたい。

①新自由主義的競争原理の浸透のなかで、我が子を勝ち組に入れるための強迫的な支配

「教育家族」におけるわが子への強迫的な支配は今日、日常的にみられるものであろう。たとえば、私立中学受験のために睡眠時間を削った学習を強いられている子どもも少なくない。当然のことながら、親の期待に応える「いい子」でなければ自分の存在を承認されない関係のなかでは子どもが真の意味での自尊感情(注2)を育むことは不可能であろう。その結果、自分の中の生きづらさやストレスを「安全に」表出できる場が学校になっている場合もしばしば見られる。実際、そのような児童の中には「家ではいい子、塾でもいい子、学校だけで荒れている」子どもも少なくないのである。

もちろん、受験によるストレスだけでなく、スポーツ少年団などの指導者による、「虐待」としか呼びようのない暴言や体罰を受けている子どもが学校のなかで荒れている場合もしばしば見られる。

それだけに、子どもの暴力や暴言の背後にある抑圧やストレスをまずは理解していくところからしか、子どもとつながっていく通路をひらいていくことはできないのである。

②保護者自身の抱え込みきれない生きづらさの我が子への表出

ある学生は、教職課程の授業のなかで次のような感想を書いていた。

「私が一番いじめを行っていた時は、今考えたらちょうど父親が死んで母親がおかしくなっていた時期だった。父は病気で亡くなったのに『お前のせいでお父さんは死んだ』と言われてとても傷ついたし、体罰も受けるようになっていた。でも母親がいないと生きていけないし、先生はえこひいきの激しい人で私のことを嫌っていたので、誰にも言えず一人で抱え込んでいたらその発散口がいじめになっていた気がする。このことは今でも忘れられない。本当はたった一人の家族になってしまった母親に助けてほしかったのだと思う。」

また、他の学生は「お前は疫病神だ。お前のせいで私はこんなに不幸になった」という言葉を母親からずっとぶつけられてきたという感想を書いていた。

保護者自身が自らの思いを受けとめてくれる社会的なつながりを奪われていくとき、しばしば、そのような生きづらさをぶつけられる対象が我が子になってしまうのである。

このように、子どもの荒れや暴力の背後に、子どもだけでなく、保護者自身の抱える生きづらさを読みとっていくことが必要な場合も少なくないのである。

③貧困問題の深刻化に伴う、保護者の我が子への「応答能力」の脆弱化

子育ては親の責任（responsibility）であるとしばしば言われる。しかし、responsibility という言葉は"response"（応答する）"ability"（能力）と置き換えることもできる。

そして、今日、多くの保護者が自分を支えてくれる社会的なつながりを奪われていくなかで、我が子の感情やニーズに応答していく力を確保できない状況に追い込まれてきている。

たとえば、ある母子家庭の男子（小1）は秋も深まってきているのにTシャツ一枚で登校し、見ていて辛いほどなのに、迎えに来る母親はブランドものの服や高級鞄を持っている、という事例が複数、報告されていた。しかし、このように我が子への適切なケアをしていない保護者に向かって「あなたが親なんだからもっと子どもをケアしてあげてください」と我が子への責任（responsibility）を果たすようにいくら求めたとしても、その言葉は決して保護者の中には入っていかないであろう。

社会的なつながりのなかで自分をケアする機会を奪われてきた母親は、ブランドものを自分に買い与えることで自分の心をケアし、かろうじて翌日、仕事に行けるだけの心のエネルギーを充電していたのかもしれない。母親が我が子への応答（response）能力（ability）を取り戻すためには、母親自身の感情やニーズを誰かにしっかりと聴きとられ、応答される社会的なつながりが必要不可欠になってくるのである。

以上、子どもが家族のなかで抱える生きづらさや葛藤を整理した。いずれの場合でも、子どもたちは自分の人生の責任を引き受けていくために必要不可欠な自尊感情と安全感の基盤を育めないまま、他者や世界と関わっていかざるを得ず、そのことが教師や仲間集団との相互応答的な関係を築いていく上での大きな困難さにつながっていくのである。

（2）「発達」（development）[注3]に必要な生活の剥奪

今日、子どもが成長、発達していくために必要な生活（活動と人間関係）を奪われているのは決して一部の子どもではない。子どもの表出する問題行動は、子どもの中に内在する可能性やエネルギーを外在化し、展開していける生活を奪われていることと決して無関係ではないのである。言い換えれば、子どもの問題行動を、自らの発達に必要な生活を奪われていることへの無意識的な「異議申し立て」として理解していく必要があるといえよう。

以前の時代に比べて大幅に増加したようにみえる「発達障害」の問題も、この発達に必要な生活の剥奪の問題との関連で検討していく必要があるであろう。たとえば、生まれたときからテレビ・DVD・ゲームなどの視覚的刺激が氾濫した生活環境に置かれ続けることは、子どもと大人との、また子ども同士の相互応答的な関係の機会を奪いとり、自我・社会性の発達疎外状況につながっていくことは半ば必然であり、その結果、以前であれば発達障害と診断されるには至らなかったレベルの神経生理学的な問題を持つ子どもまでが「発達障害」と診断されていく可能性も決して無視できないものであろう。しかも、このような危険性は貧困・ネグレクト家庭でより先鋭化したかたちで現れてくるのである。

北山昇（二〇一四年）が小四で担任した大河は小一の時にＡＤＨＤ（注意欠陥／多動性障害）の診断を受けた男児であり、小一の頃から「校庭を逃げる、怪我させる、交通事故、万引き」などの衝動的な行動を繰り返していた子どもだった。大河は小四になっても、「とにかく動きっぱなし。ベランダを走り、非常口から階段を抜け、給食のワゴンステーションに寝そべる」「三階ベランダから植木鉢に入っていた石を中庭に投げる」「他のクラスの子を階段から押す」などの問題行動を繰り返していた。(注4)

しかし、彼のこれらの行動は生得的な神経生理学的問題だけに還元できるものではない。六人きょうだいの五人目である大河はほぼネグレクトと言っていい養育環境で育っており、発達に必要な生活を長期にわたって保障されてこなかったことが彼の衝動コントロールの困難さにつながっていた可能性は十分に考えられるであろう。その一方で、北山が、大河が能動的に参加できる活動を学級の中に粘り強く創造していくと、大河は次第に落ち着きを示すようになっていった。このことは、家庭だけでなく、それ以前の学校生活のなかでも彼の発達に必要な生活が保障されてこなかったことを示唆しており、彼の激しい行動は自らの発達に必要な生活を求める〝発達要求〟として理解すべきものでもあったと考えられる。

大河だけでなく、学校現場で問題児とされてきた子どもが、彼が生き生きと活躍できる生活を保障されるなかで大きな成長・変化を遂げていくことは決して少なくない。問題行動をいかに抑え込むか、ではなく、問題行動の背後にある発達要求をどう読みとり、そのエネルギーを発揮できる生活を子どもたちと一緒に創造していくか、という発想が重要になってくる所以である。

3　個人指導――子どもとつながる

このような子どもの内面への共感的な理解と発達要求への理解を基盤としつつ、まず、教師が子どもとつながり、子どもたちが自己教育の主体としての自分を取り戻していくための関わりを築いていくことが重要であろう。ここでは三つの観点から考えていきたい。

(1) 子どもから見える世界を共感的に理解し、応答していくこと

子どもの権利条約第一二条は通常、「意見表明権」(the right to express their own views) と呼ばれているが、この意見と訳されている言葉が"views"である。

この"view"について、英和辞典で最初に出てくる意味は「見える状態、視界、視野」であり、そこから「見方、考え方」、さらには個人の意見、考えという意味が出てきている。

子どもの権利条約の"views"は、その原点を考えると、まず、子どもから見える世界というこ

とになるのではないか。その意味でも、意見表明権の保障は、まず、子どもから見えている世界を共感的に理解していくことから出発する必要があると考えられる。

当然のことながら、小さな子どもの場合、「自分には世界はこのように見えている」ということを言葉で表現することは困難である。最初に紹介した太郎の事例で考えてみよう。太郎は父親による激しい暴力を伴う虐待的な養育環境で育ってきた子どもである。彼の「刺してやろうか」という言動は、彼から見えている世界は決して安全なものではなく、いつ自分が暴力を振るわれ、傷つけられるかわからない、危険に満ちた世界である。もしかすると彼は「武装」することで何とか自分の安全を確保しようとしていたのかもしれない。

そう考えると、「学校に武器はいらないよ」という養護教諭の言葉を彼が激しく拒絶したのは、彼から見えている世界をまったく理解しない言葉と彼が感じ取ったからであろう。そのような自分から見えている世界をまったくわかってくれない教師、学校を彼は「ぶっ壊してやる」と言わざるを得なかったのであろう。逆に言えば、「この人は自分から見えている世界を理解してくれている」と感じられたとき、はじめて太郎はその他者との関係で安全感を感じとり、相互応答的な関係を築いていくことができたのではないだろうか。

ところで、中学校教師の波田（二〇一三）は次のように語っている。

４月には一人ひとりの面談に時間をかける。面談や対話を繰り返す中で、心の内に閉まっていたことを話してくれる生徒は多い。じっくり正面から「あなたのことを聴かせて」と向き合うと次第に心を開いてくれ、斜に構えているように見えても、「実はこんなにも人に話を聴いてもらいたかったのだ」という生徒もいる。寂しい分だけ突っ張って武装しているが、本音は心から人にかまってもらいたくてしょうがないのだ。

しかし、心を閉じている時には「別に…」「関係ないやろう！」と鋭い目つきで無言でいるか、わざとぶつかるような言葉でしか関われない生徒は、本音を語ってくれるまでには時間がかかる。(注5)

困難な養育環境を生きてきた子どもにとっては、自分の体験と感情をありのままに表現することはとても怖いことである。しかし、その一方で、自分の思いを聴いてほしい、という切実な思いも抱いているのであり、適切な距離感は保ちつつも子どもの傍らに踏みとどまり、じっくりと聴く姿勢を保ち続けていくことが、子どもの心の通路を開いていく手がかりになることが波田の言葉からも示唆されている。

(2) 子どもが「受容できる物語」のかたちで聴きとり、整理していくこと

浜谷直人（二〇一二）は次のように述べている。

人は自分が大丈夫であり周囲の人から認められているという基本的な安心感をもっていて初めて、自分の失敗や非を認めることができます。（中略）

聞いてもらう（語る）とは、過去の経験を自分と聞き手にとって受容できる物語としてつくりかえる、自分と聞き手の共同作業です。そういう共同作業が進むと気持ちが落ち着いてきて、立ち直ることができます。受容できる記憶とは、言い換えれば、アクセス可能な記憶だということです。記憶にアクセスできれば、それについて考えをめぐらし、反省することが可能になります。その結果、今度はもっとこうしようというように行動を改善することが可能になります。気持ちを立て直すことが上手な人というのは、「良い聞き手」をもっている、そういうことができます。（注6）

教師が「良い聞き手」となり、子どもが自分の体験を「受容できる物語」のかたちで意味づけられるように援助できれば、子どもは失敗や過ちを犯したとしても、その体験から気づきと学びを獲得し、その否定的な体験をも発達の糧にしていくことができるのである。

ところで、学校現場の「生徒指導」では、「ダメなことはダメと毅然と指導すること」があまりにも強調されている。しかし、そのような指導を子どもが納得して受け入れることはほとんどないのではないだろうか。

たとえば、太郎の場合も、教師から「あなたがやったことは絶対に駄目なこと。まず謝って、もうやらないと約束して！」という「毅然たる指導」を受けてさらに激しくキレる結果になっているが、これはある意味では当然の結果ではないか。太郎が問題を起こしながらもなおかつ強がっているのは、自分の非を認めても崩れないだけの自尊感情が彼の中には育まれていないからであろう。

もちろん、問題行動そのものを認容することはできない。しかし、その問題行動の背後にある子どもの思いは受容していかない限り、子どもの心に届く指導も成立しない。

この場面でいえば、太郎が「やめな！」と厳しい口調で友だちに言われたとき、あたかも自分の存在を全否定されたように感じとって深く傷つき、それが友達を傷つける行為になってしまったのであろう。それだけに、やった行為は肯定できなくても、その背後にあった思いは「受容できる物語」のかたちで聴きとっていくことが必要である。そのような聴き取りのなかでこそ、教師への信頼感と場への安全感が生まれるのであり、その信頼感と安全感に支えられて、「謝る」という行為を主体的に選択することも可能になるのである。

ちなみに子どもが問題行動を起こした時、その行動の背後にある子どもの思いや葛藤を聴き取ることなく厳しく叱責し、反省文を書かせる指導（いわゆる「反省主義的生徒指導」）が学校現場ではしばしばみられる。しかし、自分の行動の背後にある自分の葛藤を子どもがありのままに理解し、整理していくことができなければ、その葛藤と上手に折り合いをつけていく方法を考えることさえできないのではないだろうか。

また、「いじめや暴力は絶対に許さない」とどれほど言われても、それとは異なる問題解決方法を主体的に学んでいくことができない限り、同じ葛藤状況に追い込まれたときに再び同じ行動に至ってしまうことは避けられない。しかも、そのような子どもの抱える困難さが理解されずに、「あれだけ注意したのに、また同じことをやったのか」と叱責されれば、さらに子どもは自己否定の状況に追い込まれ、学校から離脱していくか、ますます自暴自棄になって荒れていく状況に追い詰められていってしまう。

それだけに、まず、行動の背後にある思いや感情を「受容できる物語」のかたちで聴き取られていくことが、自他を傷つけるかたちではなく、お互いを大切にする問題解決手段を学んでいくための必要不可欠な条件なのである。

(3) 子どもの中にいる「もう一人の自分」との連帯

子どもが自分自身の症状や問題行動の背後にある思いを聴き取られ、意味づけられていくと、やがて、子どもの中に隠れていた、やり遂げたい、乗り越えたいと願っている「もう一人の自分」が前景にでてくることがしばしばある。

しかし、これまでの生育史のなかで自尊感情を奪われてきた子どもであればあるほど、自分の願いをまっすぐに表出し、自らの課題に直面していくことに伴う不安や恐怖はとても大きなものとなってしまう。そのために、少しでもうまくいかないとたちまち自らの課題を投げ出してしまうことも少なくない。それだけに、自らの課題に直面していくことへの不安や葛藤にしっかりと寄り添いつつ、やり遂げたい、乗り越えたいと願っている「もう一人の自分」と連帯していくことも個人指導の大きな課題となってくるのである。ここでは、高木の隆信（中学二年生）にたいする実践を引用しつつ考えてみたい。

◇隆信の事例（高木安夫、二〇〇九年）

隆信は幼少期の実父からの身体的虐待、その後の母親からのネグレクト、という養育環境に置かれ、他者に対する激しい不信感を持ち、学校では授業妨害や暴力などの問題行動を繰り返していた。しかし、高木と出会い、トラブルの場面でも丁寧に自分の思いを聴き取られていくなかで、少しずつではあるが、他者への信頼感を回復し、学校生活にも前向きになり、文化祭では主役の孫悟空に立候補するところにまで変化を遂げていった。

しかし、これまでの生育史において自尊感情を育む機会を奪われてきた隆信は、「うまく演じられない自分」に直面することを恐れてか、本番の日が迫ってきても練習を全力でやろうとしなかった。そして、高木が「だめ！　もう一回」と繰り返すとその場から飛び出してしまう。

以下は、その夜に高木が隆信の携帯に電話し、一時間に及ぶやりとりをした場面である。

Ｔ「もう時間がない！　今から学校に来い、練習する」、隆「俺、出えへんし！」、Ｔ「それは出来ない、お前が出ないと幕は開かない」、隆「勝手にやっといたらええやん、俺知らんし」、T「誰が押しつけたわけでもない、自分がやるって言い出した役や、やりきれ！」、隆「どーでもいいし」、T「また出来ないって思ったら全部捨てるのか！　今からでも練習したら出来る！　逃げるな！」、隆「いかへんで！　だれかにかわらしたらいいやん！」、T「無理や！　みんな自分の役がある、空いている奴はいない！」、隆「前からできひんっていったやろ！」、T「風邪は治ってる、やりかけたのに逃げ出しただけや！　お前がやらなかったら、みんながみじめな思いで終わる」(注7)

上記のようなやりとりを長時間続けた後、最終的には高木は隆信にやることを了解させている。高木がここまで粘り強く迫ることができたのは、隆信の中にある「やり遂げたい」と願っている「もう一人の自分」の存在を確信していたからであり、また、ここでもし隆信が投げ出したら、再び「できなかった自分」に出会わせることになってしまうからであろう。そして、そのことは隆信自身も十分にわかっていたことであろう。わかってはいても、それでも「できない自分」に直面することへの不安や葛藤を乗り越えることは困難な課題だったのであろう。言い換えれば、この長時間に及ぶやりとりは、隆信の激しい葛藤に寄り添いつつ、隆信の中に存在する「やり遂げたい」と願っている「もう一人の自分」と連帯し、隆信が自らの力で葛藤を乗り越えていく過程に伴走していく指導であったと考えられる。

隆信のように、とりわけ被虐待状況に置かれてきた子どもは、他者との相互応答的な関係のなかで自尊感情を育む機会を奪われてきているため、「できる、できない」の二分的評価に陥りやすく、「できないかもしれない」ことへの不安や葛藤を引き受けていくことが著しく困難である。それだけに、その不安や葛藤を十分に受けとめたうえで、子どもの中にある「やり遂げたい」と願っている「もう一人の自分」としっかり連帯していく「共闘的指導」（全生研第五十五回大会基調報告(注8)）が重要になってくるのである。

4　子どもたちをつなげる、子どもたちがつながる――関係性への指導

（1）子どもたちの関係性への指導

①子どもたちをつなげる

幼少期から自分の存在を肯定してくれる相互応答的な関係を奪われてきた子どもたちは、自分の存在を丸ごと受けとめてくれる関係を切実に求めながらも、結果として築く人間関係は支配―被支配の関係、傷つけあう関係に陥りがちである。また、依存関係であるがゆえに、その中に自分の生きづらさや葛藤を投げ込んでしまうことも少なくない。とりわけ一見すると親密に見える

関係のなかでのいじめはそのような背景から生じてくるものであろう。それだけに、問題行動の背後にある、自分を受けとめてくれる関係を激しく求める子どもたちの願いに依拠した指導が重要になってくるのである。

たとえば、先に紹介した波田（二〇一〇年）も、あまりにも頻繁にトラブルが起こる子ども集団のなかで、双方の子どもの言い分を聞き、思いのずれや誤解を修正したり、「ここだけは謝っておこう」と説得したりするなかで、子どもたちをつなげていく取り組みを地道に続けている。(注9)

このようにして、それぞれの子どもたちが、お互いの行動の背後にある思いを理解できるように援助していくことで、支配—被支配の関係、傷つけあう関係でしかなかった子どもたちのあいだに少しずつ相互理解が生まれてくるのである。

このように、今日、子どもたちだけでは容易につながっていけなくなっている現実を踏まえて、教師が子どものそれぞれの思いを共感的に読み取りつつ、その思いを相手にも伝え、子ども同士の関係をつないでいく取り組みを丁寧に進めていくことが重要な課題となってきている。

②子どもたちがつながる

さらに波田（二〇一三年）は三年の二学期、クラスで「人権作文発表会」を実施し、クラスで今まで語ってこなかった思いを語る会に取り組んでいる。

小学校から中一まで不登校だった裕子は小学校時代に受けたいじめに対して、「『どうして私を除け者にするが？』という言葉はなかなか口に出せなかった。言えば逆に責められてさらにいじめられると思うと、言葉を飲み込んで耐えるしかなかった」という内容の『一人で抱えた思い』という作文を勇気を出して発表した。

里穂は、男子の一部が「ようご」という発言をすることに胸を痛めていた。大好きな叔父さんが車椅子の生活をしながら里穂たちの世話もしてくれていたのだ。教師志望だった青年時代、交通事故で半身不随となった叔父さんが初めて病院の屋上に連れて行かれた時、ひと言、「死にたい…」と呟いたという話にも触れた『ひとことでは終われない』という作文を里穂が泣きながら発表した。その後、教師がいくら注意してもなくならなかった「ようご」という発言はピタッと止まった。

このようにして、自分が今まで一人で抱えてきた思いはこうやって表現したらいいのだとか、受けとめてもらえるのだとか、自分の表出した思いはみんなの中に何かをもたらしているのだという経験を積み重ねながら、中学卒業間近には「クラスで思いを語る会」を行った。

クラス一番の大荒れ男子の宗は、「小さい頃の記憶は親が喧嘩しゅうところばかり。三人兄弟の中で、『お父が一人ぼっちになるから』と一人だけ父についた。料理も次第に上手になって頑張ってくれる父だが、飲むと暴れて、家の中では勉強できんかった」と語り、いつも学校でピリピリしていた自分の側で和ませてくれた友達や、迷惑をかけ続けてきた友達への感謝の気持ちを語った。「裕一には、俺がお父からされて嫌だったことを同じようにしてきた。裕一は一番俺を受けとめてくれると思っていたし、温かい家族に囲まれている裕一が許せないような気持ちもあった。裕一に当たることをしなければ、俺は参っていた」とも語った。(注10)

このようにして、波田は傷つきや生きづらさを自他への暴力で表現するしかなかった子どもたちが自分の体験と感情をありのままに表現し、応答し合うことを通じて、生きづらさを仲間とのつながりのなかで一緒に乗り越えていく実践を展開していったのである。このような取り組みができた時、子ども達は生きづらさに満ちた現代社会を、そのつながりを支えにして乗り越えていく力を育んでいくことができるのであろう。

最初に、今日の貧困問題は単に経済的な貧困だけでなく、社会的なつながりの貧困を伴ったものであると指摘した。それだけに、このようにして子どもたちが生きづらさを感じ、表現し、応答し合える関係を実践的に築きあげていく教育実践は、子どもたちが人間らしく生きていく上で必要不可欠な社会的なつながりを子どもたちと一緒に創造していく取り組みでもあると考えられる。

（2）「発達」に必要な生活世界を子どもと一緒に創造する

子どもの問題行動を発達に必要な生活を求める発達要求として読み取っていくことの重要性に

ついては既に指摘した。それゆえに、子どもの発達段階を踏まえつつ、その時期の発達課題を乗り越えていける生活を子どもたちと一緒に創造していくことが、今日の子ども達の「発達の危機」を乗り越えていく上でも重要になってくると考えられる。

たとえば、小学校低学年期であれば、子どもたちが「ぼうけん、たんけんの世界」を共有し、そのなかで仲間との連帯感を育んでいくような取り組みが重要になってくるであろう。

小学校中学年であれば、学級全体で進める行事だけでなく、折り紙クラブ、生き物クラブなど、多様な学級内クラブを子ども達が立ちあげ、メンバー同士の話し合いのなかでクラブの目標、ルール、活動内容などを決めたりする自治活動の機会を保障していく取り組みも重要になってくるであろう。このような多様な学級内クラブが存在していることが、アスペルガー障害などの発達障害の子どもも、自分が興味・関心がある活動に積極的に参加し、そのなかで他の子どもたちとの豊かな交わりが生まれたり、他の子どもたちから評価・承認されるような機会も生まれてくるのである。(注11)

ちなみに、先に紹介した大河に対する北山の指導方針の一つが、「大きな迷惑がかからないような彼独自のやりたいこと探しをするなかで、彼の価値観を学級に広げる」であった。「彼独自のやりたいこと」こそ、大河の発達に必要な活動であり、実際、リズムダンス、警察を題材にした劇、校内音楽会の小太鼓の活動などで、大河は彼に内在している発達のエネルギーを遺憾なく発揮し、クラスの仲間からも認められていく。しかも、彼の提案する活動はこれまで「お利口さとものわかりのよさと柔軟さと引き換えに他の子どもたちが失っていたもの」(北山)であった。すなわち、大河の発達に必要な世界を創造する取り組みは、他の子どもたちにとっても、生きられなかった「少年期の世界」を大河と一緒に取り戻していくものだったのである。(注12)

このようにして、自分がやりたいことに取り組む自由を保障されていくなかで、極めて衝動性が強かった大河も少しずつ落ち着きを示すようになり、また、自分が仲間集団から承認されていることを感じた大河は、やがて、自分の「キレる行動」をみんなから批判された時もそれをしっかりと受けとめるまでに成長している。

さらに中学生であれば、お互いの不安感や葛藤を共有しつつ、そこから自分たちの生き方や未来像を一緒に探究していけるような活動も大切になってくるであろう。

たとえば、中井は、親の離婚・再婚などの様々な葛藤や生きづらさを抱えた子どもたちが文化祭の演劇の出し物を通じて自分の思いを表現する活動に取り組んでいる。この演劇の主要キャスト七人のうち四人が母子家庭の生徒であり、演劇の内容も離婚再婚や貧困問題など、学級の子どもたちの生活現実を投影しやすい内容を含んでいた。(注13)

中井の実践は、自らの生きづらさや葛藤を不登校や荒れでしか表現できなかった子どもたちが、文化活動をとおして自らの思いを表現し、他者との共感的連帯によって自らの自立の課題に向き合っていく取り組みであったと考えられる。このように、お互いの日々の生きづらさや葛藤を仲間集団で共有していきつつ、そこから将来への希望を仲間同士のつながりのなかで探求していけるような文化活動が思春期においては求められているのではないだろうか。

今日、多くの子どもたちが大人によって生活丸ごとを管理・統制され、評価のまなざしのなかで委縮させられていく状況にあるだけに、このようにして、各発達段階において、発達に必要な生活を子どもたちと一緒に創造していく教育実践こそが、子どもたちがつながりのなかで自らの「発達の危機」を乗り越えていく力を育むものなのである。

【注】

（1）「教育家族」と「崩壊家族」の問題については、竹内常一『子どもの自分くずしと自分つくり』（東京大学出版会、一九八七年）の終章「現代社会における思春期統合」を参照。

（2）自尊感情（self-esteem）という言葉は使用する論者によって微妙に意味が異なっているが、筆者はこの言葉を「自分の肯定的な部分だけでなく、不完全さや否定的な部分も含めた丸ごとの自分が他者や自然、そして世界から受け容れられていると感じられること」という意味で使用している。

（3）ここでの「発達」（development）とは学習に還元されるものではなく、子どもや人々の中にある潜在的な力やエネルギーが他者や世界とのつながりのなかで開花・展開していくプロセスを意味している。

（4）北山昇「教室から飛び出す自由と戻る権利——彼らが背負う苦しさを要求に立ち上げて学級

を変える」『生活指導』二〇一四年四・五月号、六―一三頁

（5）波田みなみ「教師がつながり、生徒同士をつなげることで、変えられること」全生研編『いじめ・迫害　子どもの世界に何がおきているか』（クリエイツかもがわ、二〇一三年）四一頁

（6）浜谷直人「『発達障がい』・気になる子ども」『子どもの発達と学童保育』（福村出版、二〇一一年）第三章、一七二―一七四頁

（7）高木安夫「隆信の自立に向けて」『生活指導』二〇〇九年七月号、二三―二四頁

（8）「共闘的指導」については、全国生活指導研究協議会編、『第五十五回全国大会紀要』二二頁を参照。

（9）波田南海「分かり合い、つながり合い、支え合う仲間に」『生活指導』二〇一〇年一月号、三二―三三頁

（10）波田みなみ、前掲注（5）四三―四五頁

（11）中学年期の学級内クラブなどの活動の意義については、楠凡之『自閉症スペクトラム障害の子どもへの発達援助と学級づくり』（高文研、二〇一二年）Ⅱ章などを参照。

（12）北山昇、前掲注（4）八―一〇頁

（13）中井康雅「生きづらさを抱えた子どもたちと出会って」『生活指導』二〇一五年八・九月号

Ⅱ

学級集団づくりをどうすすめるか

――「いじめ」、孤立と排除の状況を転換する

照本　祥敬

1　学級集団の「いじめ」の構造

「いじめ」が深刻な社会問題として認識されるようになったのは、一九八六年に東京都中野区の公立中学校で起きた事件が最初である。「いじめ」の舞台は、学級集団だった。被害者は日常的に集団からの暴力と迫害の標的にされていた。典型的な「集団いじめ」といえるが、事件から八年後、当時のクラスメイトの一人はその状況をつぎのように語っている。

「いじめが始まると、クラスがわーと盛り上がった。まわりで『やれ、やれ』『もっと、やっちゃおうぜ』とはやし立てる。だれも善悪なんか考えなかった（注1）」

被害者からすれば、暴力をふるう直接の加害者だけでなく、加害行為を黙認している学級集団全体が自分を排除し、迫害していると映っていただろう。「生きジゴク」という言葉を遺書に残して自殺した被害者にとって、学級集団は「いじめ集団」にほかならなかったといえる。学級のなかに「居場所」はおろか、避難できる空間さえ奪われていたのであるから。

この事件から三〇年が過ぎようとしている。しかし、「いじめ」問題は解決に向かうどころか、いまも子ども社会の内部に広く、深く巣くっている。「仲間はずれ」といった日常的なトラブルの次元からときに被害者を死に追いやるまでの暴力や迫害を伴うケースを含めて、「いじめ」は途切れることなく続いている。なぜ、「いじめ」はなくならないのか。

国立教育政策研究所生徒指導・進路指導研究センターが二〇一三年七月に公開した「いじめ追跡調査２０１０―２０１２」によれば、「仲間はずれ、無視、陰口」について「週に一回以上」と「今までに一～二回」を合わせると、小学校（四～六年）で半数ちかくに、中学校では三～四割に被害体験がある。それに対して、「ひどくぶつかる、叩く、蹴る」といった「暴力を伴ういじめ」被害は、小学校（四～六年）で二二・三％、中学校で一五・六％である。後者は、「一部の者だけが何度も繰り返し経験する一方で、多くは数回程度の経験にとどまる実態」にある。こうした点から、調査報告書は、「どの子にも起きうる」「仲間はずれ、無視、陰口」と、「一部の者」が中心の「暴力を伴ういじめ」とでは、異なる対応が求められると指摘する。

たしかに、「仲間はずれ、無視、陰口」と「暴力を伴ういじめ」とで対応のあり方を区別する必要はある。ただし、この区別は、あくまでも「いじめ」の発現形態の違いにもとづくものである。教師（おとな）による危機管理的対応に限定して考えるのならばそれでよいのかもしれないが、「いじめ」問題の本質に迫る指導を考えるのであれば、「いじめ」の分類に準じた対応をするだけでは不十分である。なぜなら、「いじめ」は、その時々のケースごとにそのつど対応すれば済むような単発的な問題事象ではなく、その根底にあるのは「仲間はずれ、無視、陰口」から「暴力を伴ういじめ」までを内包する集団の構造だからである。

「いじめ」の基盤にあるのは、無視、からかい、陰口、威圧、暴力行為等を許容する子どもたちの関係性や集団体質である。それゆえ、「いじめ」の被害者―加害者の関係に焦点を当てるだけでなく、直接の被害者、加害者以外の子どもたちが「いじめ」にどう関与しているかを問う必要がある。そうでなければ、なぜ「仲間はずれ、無視、陰口」が「どの子にも起きうる」のか、どのようなメカニズムによってそうなっているのか説明できない。

なぜ「仲間はずれ、無視、陰口」が「どの子にも起きうる」のか。この問いから浮かび上がるのは、孤立を恐れるがゆえに、階層化（序列化）した「親密な」グループ内部の「つながり」に強迫的にこだわる子どもたちの姿である。私立中学受験の通塾組、スポ少のつきあい、多彩なジャンルのサブカルチャーを〝添え木〟にした結びつき…、これらは、絶えず互いを比較し、それぞれのポジションから牽制しあうような「つながり」でもある。それでも、このようにすみ分けられた人間関係を「居場所」に指定する子どもにとっては、そこに居続けることがなによりも最優先される。

しかし、皮肉にも、このような「つながり」にこだわるほどに、孤立への不安や緊張は増幅する。なぜなら、グループ内のポジションが自分の意に反して変動することや、最悪の場合、自分が排除の対象になりうることを知っているからである。「つながり」に由来するこれらの不安や緊張は、「安心」を調達することへの欲求を一段と昂進させる。

では、どうやって「安心」を調達するのか。「安心」を得る方法は、自分以外の「誰か」を排除対象に指定し、これへのグループの同意を取り付けることである。そうすることで、自分が排除対象になることは回避できる。『あの子ならしかたないよね』と肯きあえる同意調達ができると、誰が排除されるかわからない不安定なかかわりのリスクが軽減される(注2)」というわけである。

しかし、それでもなお、不安や緊張を完全に払拭することはできない。グループ内の「空気」や「力」関係の微妙な変動によって、排除対象は容易に転移する。これから先も自分が「誰か」にならない保証はない。こうして、みずからの立ち位置や振る舞いに細心の注意を払いつつ、新たな排除対象を準備するプロセスが繰り返される。「仲間はずれ、無視、陰口」が「どの子にも起きうる」のは、このような排除のメカニズムが働いているためである。

この排除のメカニズムは、「傷つけ―傷つき」といったかかわりの受容を強いる。その受け入れを拒むことは、孤立＝「居場所」の喪失に直結するからである。「暴力を伴ういじめ」は、排除対象が固定されやすい点が「仲間はずれ、無視、陰口」といくぶんか異なるが、やはりこうした排除規制が強烈に作動している。交友のある者たちのあいだで標的となる「誰か」を特定し、そこに暴力や迫害を集中させるのである。被害者を「自死」へと追い詰めた一九九四年に愛知県西尾市の中学校で起きた事件(注3)や二〇一一年に滋賀県大津市の中学校で起きた事件(注4)でも、被害者と加害者は親しい関係にあったとされる。当事者間に日常の交友があったことを考えると、そこには「親密さ」を下敷きに「傷つけ―傷つき」という歪んだ関係性を互いに受け入れさせる力学が貫徹していたといえる。

その一方で、「暴力を伴ういじめ」は、交友関係から切り離され、孤立状態に追いやられている者を標的にするケースも含めて、暴力や迫害がエスカレートするにつれて「見えやすい」ものになる。こうして子ども集団が「いじめ」の事実を共有することになるが、しかし、多くの場合、子どもたちは過熱する暴力と迫害に抗えず、結果的に、「観衆」や「傍観者」と呼ばれる位置から被害者を固定する役割を果たす。そうなるのは、追随や黙認も含め、「いじめ」への同調を通じて集団への帰属感や一体感を調達し、自分が排除や攻撃の対象にされることを避けようとするからであるが、(注5)この状態は、集団全体が暴力と迫害の支配下にあることを意味する。

このように、「仲間はずれ、無視、陰口」と「暴力を伴ういじめ」のいずれも排除のメカニズムによって引き起こされているが、さらに、「暴力を伴ういじめ」では、排除対象への暴力と迫害の継続を集団が支持する、というファシズムともいえる状況が作られる。「いじめ」問題の根底にあるのは、こうした排除と暴力・迫害が重層的に遍在する集団のなかに子どもたちが包摂されている、という事実である。この状況は、弱肉強食を是認する排他的競争システムのなかに個人を投入することで人びとの分断や敵対を招き、その結果としての孤立をたえず再生産しながら、もう一方で、こうした社会的分断と排除を「正当なもの」として受け入れさせようとする新自由主義的統治の一断面をかたどっているといえよう。

そうであれば、「いじめ」を乗り越えるために必要なのは、その発現形態の違いに応じた対応方法の準備ではなく、「いじめ」の根底にある相互排除の力学や暴力と迫害の集団の文脈を転換させていく指導であるといえよう。暴力や迫害を容認する集団を、子どもたち自身の手で平和と自他の人権を尊重しあう集団へとつくりかえていく。そうしながら、一人ひとりが孤立への恐怖や不安を乗り越え、仲間とともに人間的な生き方を追求していく力を育てる――こうした観点からの指導こそが求められているのである。

2　学級集団づくりとはなにか

(1)　自治的集団を育てる

学級は、能力主義的な競争と選抜の論理に貫かれた学校システムの構成単位でもある。そのために、そこは、互いを競争的他者として意識しあうような空間ともなっている。このような競争と選抜の圧力が、一人ひとりを精神的孤立の状態へと追いやりながら、「いじめ」にみられるように、孤立を回避するための排除の応酬、「力」の優劣による抑圧や支配などのさまざま矛盾や問題を生じさせている。

集団づくりが自治的集団を育てようとする理由、また、あえて集団づくりと呼ぶ理由は、このような学級の現実を子ども集団の発展をとおして転換させていこうとする点にある。集団づくりは、矛盾や問題が内在する集団を一人ひとりが学級生活、学校生活に参加していくための基盤となる民主的で自治的な集団へとつくりかえ、発展させていくことをめざす。それは、子どもたち自身が平和と人権尊重の担い手となる集団を形成し、発展させることを励ます教育実践なのである。以下、この集団づくりの基本的視点と指導構想について、いくつかの実践事例に即して考えていこう。

(2) 子どもたちの関係をみつめ、「もう一人の自分」との対話を呼びかける

T男が中心の中二の男子グループ。T男は地元のサッカーチームに所属し、学力も比較的高く、発言力もある。T男の一声でグループの雰囲気が変わる。必ず誰かがT男のいじり、いびり、無視の標的になっていて、とくにM男が標的にされることが多い。T男が「こいつキモい」というと、K男が「うわー、こいつマジキモい」と追随し、他のメンバーも「嘘、何こいつ」と続く。M男は困ったような、ウケたことがうれしいような、どちらともいえない感じでニコニコしている。

T男は、こうした反面、クラスの話し合いでは、よく建設的な意見を出す。また、面白いことを言って、クラスのみんなを喜ばせたりもする。このようなT男の姿をどうとらえるか。また、グループのメンバーはT男をどうみているのかつかむ必要がある。担任の大島冴子は、そう考え、かれらと対話する。

T男と一番仲がよさそうなK男は、「なんか嫌な気持ちになることがある。下っ端みたいな

感じで馬鹿にされたりする。T男の言うとおりしないとハブられる…」と漏らす。「嫌な時には、嫌って言えばいいんじゃないの？」と話すと、「そうなんだ。でも言えないんだ」とK男。「じゃあどうしたいの？」「俺、ちゃんと断る」。しかし、T男とは気まずくなりたくない。そこで、「じゃあ、気まずくならない断り方を見つける」ことを二人で確認する。

J男は「俺、平和なのがいいの」という。「だから何をされてもいいの？　T男はJ男が喜んでいるからと思ってやっていない？」に、「それ、あると思う」とJ男。「それ、平和っていうの？」「ちがう…、俺、ちゃんとなりたい。でもどうすればいいのかわかんない」。

T男は「サッカーのチームの仲間は本当に平等。ふざけもできるし話もできる。怒られることもある。だから楽しい…」という。「そうなんだ。言うこと聞くからいいって思ってるんじゃないんだ」「うん、なんかそうなるとイライラしてもっとやりたくなる」「孤独？」「ちょっと…、M男なんか、小学校では誰も相手にしてなくて、馬鹿にされてて…でも、あいつの親厳しくて。一緒に遊ぼうってM男から言ってくるし…」。T男は、自分のかかわり方がおかしいことは自覚している。しかし、「そうなっちゃう」ようだ。彼も、すぐには自分を変えられない、と話す。[注6]

T男との関係に悩みつつも、抑圧的な関係にしがみついているK男たち。大島は、そんなかれらに、みずからの「思い」の言語化を促しながら、どんな生き方をしたいのか、どんな友人関係を築きたいのかを考えさせている。そうしながら、みずからの課題に取り組むよう励ましている。T男についても、そうである。彼は、自分の思いどおりに動くグループのメンバーを信頼しているわけではない。ほんとうは対等平等にかかわりあえる仲間関係を求めている。しかし、そうできずに、仲間を支配する位置に留まり続けている。大島は、M男が抱えるしんどさに共感しながらも、グループでのかかわり方を変えることができず孤独感を抱えるT男も含めて、「自分を持つ」ことが彼らに共通する課題であると考える。

大島の「自分を持つ」ことへの要求は、「いまある自分」を変えたいと願う「もう一人の自分」への呼びかけを意味する。「嫌だと言えない」（K男）「どうすればいいのかわからない」（J男）「そうなっちゃう」（T男）、それぞれがこのような「弱さ」＝課題を抱えている。そこで、大島は、こうした自他の「弱さ」を責め立てあうのではなく、これと向きあい、互いが「いまある自分」を乗り越えていけるよう励まし、支えあう関係を追求させていく。こうした関係を築かせていくなかで、男子グループにある「いじめ」の様相や、孤立と排除の力学などにも屈しないで生きていける力を育てようとする。

大島が追求しているのは、親密であるかどうかにとどまらない、互いの人格的な自立に向けて励ましあう仲間としての関係である。K男やJ男がT男との関係をみつめなおすことは、他者としてのT男をいま一度とらえかえすと同時に、自分自身の生き方を問い、これとの対話を続ける作業を求める。また、T男にとって、「自分らしくありたい」というK男たちの根源的な願いにふれることは、「自分を変えられない」ことへの苛立ちや孤独感と正面から向きあい、これを乗り越えていくための支えになる。そして、そうなったとき、対等な権利をもつ仲間として、相手への正当な要求や批判を出すことも含め、共感的に応答しあうかかわりが立ち現れてくる。そこにいるのは、親密なだけの友人でも、抽象一般的な他者でもなく、それぞれに不安や葛藤を抱え、揺れながら自立の課題に挑もうとしている〝仲間〟であり、互いの人間的な成長に向けて励ましあう〝仲間〟である。

このように、集団づくりは、一人ひとりが生きている生活現実とかさねながら子どもたちがきり結んでいる関係性の内実を問い、相互の人格的自立を励ましあう関係を築かせていくことを基本的視点の一つにしている。それは、「自分らしくありたい」と願う「もう一人の自分」への呼びかけと応答をとおして、自他の生き方に目を向け、互いを尊重しあう関係性を集団のなかに築いていくことをめざしているのである。

(3) 生活と学習の民主的共同化に取り組み、平和的共生の世界を立ち上げる

「自己責任」を基軸にする新自由主義的な競争と管理が推し進められるなかで、子どもたちの生活と学習の全般が個人主義的、競争主義的性格を強く帯びるようになっている。生活と学習の民主的共同化は、このような生活と学習のありようを批判的にみつめなおし、多様な自治的活動の展開をとおして、子どもたちが必要としている生活と学習を誕生させることをねらいにしてい

る。この点を、鈴木和夫の班づくりの実践事例にそってみていこう。(注7)

アスペルガー的傾向が強い小学六年生のTは、セルフコントロールに難がある。彼のパニックが起点になったトラブルが再三起きるが、学級の子どもたちは「いつものことが始まりました。あっという間にTがキレて、パニックを起こして机や椅子を投げつけていました」で片づけている。しかし、問題はTだけではない。それぞれ小さなグループに属してはいるが、「仕事は人に押し付けて平気だし、仲良さそうに見えても、わがままで自分勝手」な状態で、互いを信頼していない。そんななかで、Tは孤立していた。

このような学級の現実に直面した鈴木は、班での取り組みを軸にして、学級のなかに自他の権利を尊重しあう平和的共生の世界を立ち上げていこうとする。そして、①毎日班ごとに方針を作って活動する、②班員同士で「おはよう」のあいさつをする、③毎日班遊びをする、の三つの班活動を要求する。

子どもたちが重視した遊びの感想は、「久しぶりに男女一緒に遊んだ。何年ぶりだろう」「今日は女子の提案した遊びをやったので、明日は男子の提案する遊びにする」「仲のいい人とだけ遊ぶのとは違って、意外と気をつかったよ」「女は強引だな」「男子は案外優しかったよ」、など。Tは「一班はドロケイの変形したやつをやったけど、女はハァハァいって途中でギブ(ギブアップ)したけど、けっこう楽しかった」と書いてきた。

係の活動も班で進める。整備、保健、連絡、掲示、新聞、体育・先生秘書の仕事をそれぞれの班が責任をもって、しかも独創的にやる。Tのいる一班は、体育・先生秘書係を選び、班遊びの内容、授業での学習活動の目標、係の仕事のやり方などについて朝の会で話し合って決め、実践するようになった。他の班も一班にならい、①〜③にそって独自性を発揮しながら活動目標や方針を立て、実践するようになる。それぞれの班が画用紙を使った壁新聞を作り、読書案内新聞、クワガタ研究新聞、遊び新聞などが発行された。また、各班からの学級全体への提案も活発になっていった。

Tは一班の子どもと一緒にいることが多くなり、とくにM男といろいろな遊びをくふうして班遊びを楽しみ、しだいに他の班とも連合して遊びを組織するようになっていった。

鈴木は、班を自治的活動の拠点にしている。鈴木がこだわったのは、遊びに限らず、学習活動や係活動についても班独自で目標や活動方針を決め、それを実践することである。このように班の自治を重視するのは、そこを拠点に自分たちの必要や要求にもとづいて生活と学習をつくりかえていく経験を十分に保障しようとしているからである。

いま一つ目を引くのは、「おはよう」のあいさつの要求である。生活と学習を共同する者にふさわしい共生の作法を根づかせようとしているように思うが、この点に、鈴木の集団観が如実に現れている。それは、互いを自分とは異なる他者として認め、互いの権利と責任にたいして応答しあうような集団である。学級像に置き換えれば、「親密さ」や「まとまり」を一義的に追求する「みんなが仲のよい学級」ではなく、一人ひとりの差異や多様性を認め、互いの権利と責任を尊重しあう「だれもが大切にされる学級」ということになる。後者における親密さは、孤立や排除の不安から逃れるために維持されるような「親密さ」ではなく、対等平等な者たちの相互応答的な関係性を土台に築かれていく親密さである。

このように考えると、鈴木実践は、班を基点にした自治的活動をとおして相互応答的な関係を築きつつ、学級のなかに平和的共生の世界を立ち上げようとしているといえる。この鈴木のねらいがどうなったかは、班遊びの感想からも明らかである。少年期的な活動世界をくぐるなかで、Tだけでなく、多くの子どもたちがみずからのからだとこころを解放させている。そうしながら、互いの活動主体としての「声」を響きあわせている。また、かれらは、班遊び以外にも自治的な活動を共有するなかで絶え間なく応答しあい、生活と学習をめぐる自分たちの必要や要求を掘り起こしている。そして、この必要と要求にもとづいて生活と学習の共同化をすすめている。こうしたなかで、感情をうまくコントロールできず苦しんでいたTの姿に共感し、彼の自己変革を励ますような関係が育っているのである。

このように、生活と学習の民主的共同化は、他者や集団と連帯し、協働しつつ、新たな生活と学習を創造していく経験を保障する。子どもたちは、新自由主義の競争と管理の枠内で個人化、個別化されている生活と学習を批判的にみつめ、あらためて自分たちが必要とする生活と学習とはなにかについて考え、その実現に自治的にとりくんでいく。そして、そうするなかで、互いに生活と学習を共同する仲間として出会いなおし、自他の権利を尊重しあう平和的共生の世界を立ち上げていくのである。

3　学級集団づくりの指導構想

⑴　活動をベースに自治的集団を発展させる

集団づくりの基本的視点について述べたが、これを実践のなかにどう具体化していくのか、考えていこう。

まず、自治的な活動をベースに、子ども集団に内在する抑圧的な関係性や、競争主義的なものの見方・感じ方・考え方を転換させていく指導構想をもつことが出発点になる。そのため、できるだけ早い段階から、リーダーの位置にいる子どもたちとも相談しながら、学級で取り組む活動についての原案を作り、これを学級集団に提案して活動の目的やねらい、活動の内容や方法をめぐる討論や討議を成立させる。そして、学級集団の合意にもとづく活動を展開させていく。さらに、活動の総括についても原案を作り、目的やねらいは達成できたのか、なにが課題となったのかを考えさせる。集団づくりは、このような指導のサイクルをとおして、その時々の一人ひとりや集団が抱えている課題（発達課題や自立課題）はなにかを掘り下げながら、生活と学習の民主的共同化をすすめていく。

つぎに、この自治的な活動をベースに集団を発展させていく指導は、「集団づくりの三側面」と呼ばれる、①班や共同の活動組織の指導、②リーダーシップ―フォロワーシップを育てる指導、③対話や討論、討議の指導、をとおして展開される。以下、それぞれの側面における指導の展開についてみていこう。

(2) 居場所や活動グループを重層的に誕生させる

自治的活動をベースに集団を発展させていく指導の起点になるのが、班をはじめとする共同の活動組織である。班は、一人ひとりが学級生活に参加していく拠点である。したがって、そのなかに親密な関係が育まれるなど、それは学級における居場所の役割を果たす。また、活動を共にすることにより矛盾や対立が顕在化しやすいため、問題や課題を学級集団が共有し、その自治的な解決に取り組む起点ともなる。

班のこうした特長をふまえれば、それはたんなる学級集団の基礎単位ではなく、班それ自体が自治を追求する組織であるということができる。したがって、自治を育てる観点から、鈴木実践でみたように、係活動にしても決められた形式のルーティン的作業をこなすのではなく、自前のスタイルやルールを設定できる班遊びと同様に、班独自の創意やくふうを促すことが重要になる。そうするなかで、班は学級の下部組織ではなく、一人ひとりと学級集団をつなぐ自治的活動の拠点になる。いわば、子どもたち自身が班の内実をつくっていくのである。

ただし、自治や共同の拠点となる活動組織を班だけに限定する必要はない。学級内クラブや期限付きの活動プロジェクト、学習サークル的なグループ活動など、居場所や文化的活動にたいする子どもたちの具体的要求にそくして活動組織を立ち上げさせる。そうすることにより、自分たちが必要としている活動を、その活動にふさわしいかたちで組織し、運営していく経験を保障するのである。

たとえば、小学三年の担任である穂波実里は、「よさこいクラブ」「ドッジボールクラブ」「おにごっこクラブ」「絵本クラブ」「キャラクタークラブ」など、自分の趣味や興味のあることをもとに仲間を募って比較的自由に運営できる活動組織である学級内クラブを軸に、自治的活動を展開している。学級の子どもたちは、いずれかのクラブに所属し、その活動をイベントや行事の取り組みともリンクさせながら、つぎつぎと新たな企画を練り、原案を作り、活動している。班での活動とはすこし異なるかたちで、いきいきとした自治的共同の世界を誕生させている。(注8)

このように、小学校中学年が中心になる少年期では、多様な活動グループが積極的に展開することで、学級集団全体に前進的なトーンが生まれる。そうしたなかで、ふだんはリーダーの位置にいる子どもがフォロワーシップを発揮したり、逆にフォロワーの位置にいる子どもがリーダーシップを発揮したりする動きも出てくる。こうした動きが、新たな活動や活動組織の誕生へとつながっていく。子どもたちは、このような経験をかさねながら、互いに対等な仲間としてかかわり、自他の必要や要求を更新しながら活動的な世界を拡充していく自治の主体へと成長していくのである。

小学校高学年以降の前思春期・思春期に入ると、仲間と活動世界を共有するだけではなく、同世代の他者との親密かつ内面的な交流への要求が高まる。子どもたちは、友人関係、学習や進路、親や家族との関係など、思春期・青年期に特徴的な課題についての苦悩や理想を語りあえる他者の存在を求めるようになる。したがって、班などの活動組織は、こうした人格的交流を促しながら、相互の人格的自立に向けて励ましあう拠点の一つになることが期待される。とくに、中学校二、三年の集団づくりでは、「進路」や「家族」などのテーマについて応答しあう、学習サークル的な性格を有するグループや交友関係を誕生させることが求められる。

(3) リーダーシップとフォロワーシップの関係を育てる

「おとなしくて目立たない子どもばかりの学級で、リーダーが見当たらない」といった声を聞くことがある。しかし、リーダーは自治的活動をとおして育つのである。実際、自治的諸活動が活発になるにつれて、多様なリーダーシップを発揮する子どもたちが現れてくる。

たとえば、少年期では、遊びや行事などで先頭に立って集団を引っ張っていこうとする、行動的なリーダーが出てくる。みずからの活動要求を表明し、それを率先して行動に移すことで、遊びや文化活動にたいする仲間や集団の要求を呼び起こすような存在である。やがて、一緒に活動している仲間の思いや声に耳を傾け、それをふまえて教師や集団に問題提起をするようなリーダーや、トラブルや対立から学級集団が直面している課題をつかみ、その解決を集団に呼びかけるような知的なリーダーシップを発揮する子どもも育ってくる。とくに少年期以降の集団では、仲間の苦悩や願いに共感的に応答できるリーダーや、権威主義的な「学校」や「指導」にたいして異議申し立てができるようなリーダーを、このようなリーダーシップを積極的に支えようとするフォロワーシップとともに意識的に育てることが重要になる。

中学二年の学級担任の加納昌美は、夏休みの終わりに、有志による「クラスを考える会」をもつ。メンバーは、学級委員、生活委員、それに二学期にある合唱祭の実行委員になった黒川。一学期の評価の後、二学期をどうしたいのか聞くと、「レクは続けたい、毎週は無理でも、毎月必ず一回はやりたい。こんどは他のゲームもやってみたい」「去年、合唱は歌えなかったの。今年は皆で歌うようになりたい」「でも授業もちゃんとやらないと、まずい。通知表みて（親に）怒られた」などが出てきた。そこで、「レクを続ける」「合唱祭を頑張る」「授業をしっかりやる」を決める。黒川に合唱をどうしたいのか聞くと、「合唱を皆で一緒に頑張ってみたい。俺は賞を取りたいんだけど、でも、皆でやればいい」という。加納が自分の気持ちと練習のやり方などを原案にして学級に提案するようにいうと、「わかった、俺、パソコンでやってみる」と張り切って帰っていった。

十月になり、合唱の練習が始まる。女子は張り切っていたが、男子は動きが鈍い。坂田や桜木、藤山たちがふざけるので、女子が男子に強く当たる。これに、森田など男子が不満を募らせる。加納は、指揮者でもある黒川に対応を任せるよう女子を説得。黒川は、自分の判断で、森田には「一回だけちゃんと歌えばいいから」とにこやかに伝え、坂田、桜木には「お前らの声が必要だ、一緒にやってくれ！」と頼む。他の男子にも「そこ、もう少しこう歌ってみて」と声をかける。こうした黒川のリードで、坂田や桜木も「どうせやるなら楽しくやる」と変化していった。(注9)

加納は、黒川のリーダーとしての成長を引き出そうとする。合唱祭の実行委員としての考えをしっかり持ち、それを周囲にうまく伝えると同時に、学級集団の現状を分析しながら、多様なものの見方や感じ方に目を向け、それらと応答できるリーダーへと成長させようとしている。

合唱祭や体育祭などの行事の取り組みでは、しばしば「賞を取る」ことを優先する側と「楽しむ」ことを優先する側とのあいだで対立が起こる。行事への「思い」がそれぞれにあるからだが、重要なのは、「賞を取る」か「楽しむ」かのいずれかの価値を集団に選択させることではない。自他の「思い」に込められたものの見方・感じ方・考え方（価値観）と出会わせ、これと対話し、だれもが納得できる取り組みになるよう応答しあう経験を積ませることが重要なのである。

黒川は、彼なりのやり方で、やる気のなかった男子とも合唱祭の取り組みを価値あるものにすることで合意をつくりだしているが、このような集団的応答と合意形成を重視することにより、民主的で自治的な集団を支えるリーダーシップとフォロワーシップの関係も発展していく。リーダーシップの内実を問いながら、それを積極的に支持したり、あるいは批判したりできるフォロワーシップが育っていく。この過程において、ときにリーダーは仲間や集団からの要求や批判をとおしてみずからが抱える弱さや課題を意識化し、苦悩することもあるが、だからこそ、こうしたリーダーとしての苦悩を共感的に受けとめつつ、民主的なリーダーシップを発揮するよう励ます集団（フォロワー）を意識的に育てる必要がある。リーダーの育成とフォロワーの育成を一体的に追求する。このような指導構想をもつことで、生活と学習を自治的に共同するにふさわしいリーダーと集団の関係を築くことができるのである。

（4）対話、討論、討議をとおして課題を意識化させる

集団が自治的に発展していくにつれて、これまでとは質の異なる対立も浮上する。一人ひとりが生活と学習の権利主体、実践主体へと育つにつれて、他者や集団にたいする要求や批判を積極的に出せるようになるからである。それにより、自他の必要や要求をめぐる事実認識・価値認識のずれや対立が顕在化するが、こうした認識のずれや意見の対立が自治的集団を発展させる原動

力になる。なぜ、これらが集団を発展させる原動力になるのか。

生活指導は、行為・行動の指導ならびに行為・行動に直接的にかかわる認識や要求の指導を重視する[注10]。そうするのは、集団生活のなかに生起する矛盾や対立を一人ひとりの行為・行動の具体的事実にそくして明らかにし、行為・行動の背景にある認識や価値観を他者や集団との関係において問わせながら、より価値のある生活と学習をつくりだすための要求や批判として受けとめあう関係を築かせようとするからである。この点を、討議の指導の局面に焦点を当てながら考えよう。

十一月の終わりに、二班の由紀と朝子が「授業中、藤山たちがうるさくてもう嫌だ。注意すると逆らう！」と訴えてきた。他の班にも関係しているので学級全体で話し合うのがよいと伝えると、「三班のR子たちが怖い」という。それをR子らが知り、「なんで直接言ってこない！」と騒ぎになる。こうした経緯をくぐっての学級での話し合いとなった。

まず、由紀たちから苦情を出してもらう。すると、藤山たちだけでなく、注意する由紀たちもうるさいという意見が出てきた。その他にもうるさい子が多いことがわかった。

R子が「由紀たちは、藤山たちには言えても、私たちには言えない。男子には注意しやすいと思ってるんじゃないかな…」と発言。これに、奈津子たちが、「由紀や朝子とか、うちらには言えないんだと思うの。自分たちで格付けしているんじゃないのかな。クラス全体のことだし、自分たちで言わないと内容がちゃんと伝わらないと思う」「由紀たちが藤山たちに注意しているのはよく見る。でも、言い方がちょっと、と思う。私たちも男子への態度を考えないといけないと思う」と続いた。男子を代表するようなかたちで、「(注意されると)直そうというより、『うるさいっ』て感じになっちゃうんだよ」と、桜木。黒川は、「皆自分が勉強している時は静かになっている。でも、例えば桜木が集中力が切れた時は、坂田に話したりする。その時に奈津子が集中していると、『うっせえ』となって、桜木がキレる。桜木が集中している時も同じ。注意の仕方もあると思う。注意された時にどう受けとめるかも問題だと思う。自分が悪かったと謙虚に受けとめるようにしよう」と発言。学級集団は、話し合いのまとめとして、①親しき間にも礼儀あり、②物事はちゃんと言わないと伝わらない、③状況を判断して暮らしていこう、の三点を確認する。

この話し合いの後の二学期のふり返りでは、多くの子どもが「このクラスは問題が起こっても話し合っていけば乗り越えられる、ということが残った」と書いていた(注11)。

先ほどの加納実践の続きである。この学級の子どもたちは、「うるさい」状況を騒がしくしている個人だけの問題とは考えない。だから、女子の人間関係に潜む序列構造や男子と女子のあいだの歪な関係を読み解くことができている。また、なぜ「うるさい」となるのかを、注意の仕方も含め、具体的状況に照らして客観的に分析できている。かれらは、このようにして、自分たちの生活と学習のありようを批判的にみつめ、そこに集団の課題がどのように埋め込まれているのかを明らかにしたうえで、自分たちが必要とする生活と学習にどのようにとりくむのかを、この話し合いの「まとめ」として共有している。

このように、かれらは、生活と学習の権利主体として自他の行為・行動がもつ意味をとらえかえし、自分たちの「現実」を批判的に読み解くと同時に、それを自他の必要や要求にもとづいてより価値あるものに変革していこうとする学びを成立させている。ここでいう学びとは、生活と学習を自治する権利主体の立場から、自分たちの「現実」を再定義する、すなわち、「現実」に埋め込まれている矛盾や課題を発見し、この「現実」をよりよいものへと変革し〈新たな現実〉を創り出そうとすることを意味する。(注12)

もちろん、こうした学びを重視する観点から集団の課題がなにかを明らかにし、自分たちの必要や要求についての意識化を促していく指導は、討論や討議の場面だけに限られない。リーダーや学級集団との対話においても意識的に追求される必要がある。そうしながら、より価値のある生活と学習を創り出す取り組みへの主体的参加を一人ひとりに呼びかけるのである。

ただし、集団としての意思決定をおこなう討議の局面では、いま一つの意味がある。それは、「自分の不利益には黙っていない」ことと、「みんなできめて、必ずまもる」ことの価値を学ばせることである。加納実践でいえば、集団が決定した「まとめ」にある三点すべてが「自分の不利益には黙っていない」ことに関連している。このように、討議の指導における二つの原則は、一人ひとりの意見表明権を保障すると同時に、意見として表明される個人の必要や要求の中身を集団の討論を通じて共同的、社会公共的なものへと鍛え、これを集団の意思として決定し、尊重することを重視する。それは、一人ひとりの必要や要求に目を向け、だれもが集団の意思決定に対等に参加できることを保障するとともに、自他の必要や要求の共同化、社会化を促しつつ、その実現にとりくむことを子どもたちに要求する。

このように、集団づくりは、具体的経験にもとづく民主主義についての学びとみずからの集団のなかに民主主義を構築していく社会実践的な訓練を追求する教育活動なのである。

4　おわりに

学級における集団づくりを中心に述べてきたが、学級集団づくりは担任する学級単独の実践として完結するものではない。それは、学年集団づくりや学校づくり、保護者や地域との共同といった実践テーマと分かちがたく結びついている。

このような教育実践の構造をふまえて集団づくりをすすめるためには、すくなくとも以下の二点についての教職員集団や保護者集団の幅広い合意形成が重要になる。

一つは、一人ひとりは集団のなかでこそ成長する、という理解であり、いま一つは、したがって、さまざまな「問題」のかたちをとって表出される生活課題や自立課題に目を向け、そのなかに織り込まれている人間的な苦悩や願いに応答するのが教育であり、指導である、という了解である。

こうした教育や指導をめぐる理解と合意を拡充しながら、競争と管理の下での抑圧的な生活と学習を、孤立や暴力・迫害の力学に脅かされる人間関係を転換させていく力を子どもたちに育てることが、現代の学校と教師に求められている。かれらを自他の人間的尊厳と人権を尊重する平和で民主的な社会を発展させる主体（市民）へと成長させていく教育と、この教育の担い手としての教師が切望されているのである。

【注】

（1）豊田充『葬式ごっこ――八年後の証言』（風雅書房、一九九四年）三六頁

（2）中西新太郎「いつでも幸福でいられる不幸」『教育』二〇一二年一〇月号、五五頁

（3）被害生徒と加害生徒（複数）は、日常的に行動を共にするなど、一定の「親密な関係」にあった。被害者が遺した手記には、数万単位の金銭恐喝が頻繁におこなわれていたことや、求められるままに金銭を工面していた状況が、家族への複雑な「思い」とともに綴られている。

（4）事件の調査にあたった第三者委員会の報告書によれば、以前から複数の生徒が「いじめ」を疑って担任にそう伝えていた。また「いじめ」と認識していた同学年の教師もいたようだ。し

かし、担任は、最後まで「いじめ」だと認識しなかった。この事件を契機に、「いじめ防止対策推進法」や「いじめ防止条例」等の制定など、政府や自治体が「いじめ」にダイレクトに関与する動きが広がった。

(5)芹沢俊介『いじめが終わるとき』(彩流社、二〇〇七年)八二―八三頁
(6)大島冴子「A組の子どもたちに出会って」『生活指導』二〇一三年二・三月号
(7)鈴木和夫『子どもとつくる対話の教育――生活指導と授業』(山吹書店、二〇〇五年)
(8)穂波実里「『ぐつじょぶ33』の集団づくり――悠の居場所づくり」『生活指導』二〇一五年六・七月号
(9)加納昌美「『荒れて』いた二年二組――子どもの話を聞いて、流れに乗って、見えてきたもの、生まれたもの」全国生活指導研究協議会編著『〝競争と抑圧〟の教室を変える――子どもと共に生きる教師』(明治図書、二〇〇七年)
(10)全生研常任委員会『学級集団づくり入門　第二版』(明治図書、一九七一年)一八頁
(11)加納昌美、前掲書
(12)生活指導と学びの関連について、詳しくは第Ⅳ章の山田綾「生活指導と授業――学びから世界参加へ」を参照されたい。

Ⅲ

生活指導における
ケアと自治

竹内　常一

1　現代的貧困と「教育改革」

(1) 子ども・若者世代を襲う貧困

いま、子どもと保護者と教師たちが学校においてどのような問題状況に置かれているのかを確かめることから始めよう。

その際、新自由主義的な「構造改革」が日本社会を「格差社会」化し、子ども世代を含むすべての世代のなかに「貧困」をひろげてきたことを指摘しておかねばならない。そのなかで、日本の子どもの貧困率の高さは二〇一二年現在、一人当たりのGDPが三万一〇〇〇ドル以上の豊かな国にかぎると、二〇カ国中四位で、六人のうち一人が貧困のなかにある。

しかし、その「貧困」は「経済的貧困」だけを意味しているわけではない。新自由主義はありとあらゆるものを商品化する市場社会を「自己選択・自己責任」の原則にしたがって生きることを人びとに強いるものである。そのために、それは人びとの生活をこれまで保障してきた社会的な連帯やつながりや保護を断ち切り、突き崩し、人びとを「寄る辺なき存在」へと突きおとす競争と排除を必然的にともなう。その意味では、現代的貧困は「経済的貧困」にとどまらず、人びとを社会的な連帯やつながりや保護から排除するという「社会的貧困」と一体のものである。経済的貧困と社会的貧困が折り重なって人びとの生活に襲いかかりつづけるとき、その渦中におかれる人びとの生き方選択の幅は限りなく狭められ、自己実現の可能性が剥奪されていく。いや、それればかりか、自分から自己実現の希望を抹消する「自分からの排除」(注1)に落ち込むと同時に、他者とともに生きるに値する世界の喪失に囚われる。

このような現代的貧困は大人世代だけではなく、子ども世代をも呑みこんでいる。先に示した子どもの貧困率はこのような現代的貧困が子ども世代のなかにもひろがっていることを示すものである。

そのことは、子どもさえもが敵対的競争と社会的排除にひきこまれ、その挙句「死ね」「殺すぞ」／「オレが死ねばいいんだろ」「死んでやる」ということばを乱発することのなかに現われている。こうした子どもたちのセリフは、かれら・彼女らもまたグローバルな「資本主義の再資本主義化」の津波のなかに呑みこまれて、現代的貧困にさらされていることを示している。

(2) 教育基本法改正と「教育改革」

これだけを前置きにして、この間の新自由主義的な「教育改革」の急展開を決定づけた二〇〇六年の教育基本法改正が何であったかからみていくことにしよう。(注2)

その改正の狙いのひとつは、旧基本法第二条の「教育の方針」を削除して、新基本法第二条に「教育の目標」を据えたことにある。その条文は学習指導要領の「道徳」の目標に近いもので、旧教育基本法第一条のいう「平和的な国家及び社会の形成者」や新法の「平和で民主的な国家及び社会の形成者」という「教育の目的」に必ずしも対応するものではない。それ以上に問題なことは改正教育基本法が教育を具体的に規制する目標・内容条項を新二条として取り込んでいることである。

これは公教育のありかたを根底からひっくり返すものである。それは、子どもの「教育への権利」を保障することを国家の義務とする「権利＝義務教育」を廃棄して、「国家の統治」としての教育を受けることを子どもの義務とする「強制＝義務教育」に転換することを宣言するものである。この転換をつうじて改正基本法は学校の教育内容の統制を細部にまで及ぼし、その修得ならびに学校規律の遵守を子どもの「義務」としたのである。

いま一つの教基法改正の狙いは、新法第一六条「教育行政」ならびに第一七条「教育振興基本計画」である。

旧法は第一〇条において「教育は、不当な支配に服することなく、国民全体にたいして直接に責任を負って行われるべきものである」（傍点は引用者）と定められていた。ところが、新法の第一六・一七条は、教育は新教育基本法及び他の法律に定めるところにより行われなければならないと定め、国と地方公共団体の「教育振興基本計画」にしたがって「行政的な指導・介入」を強めるものとなった。

これにもとづいて国と自治体の教育行政は、統一学力テストを通じて「教育の競争化・市場化」をすすめ、教師と子どもと保護者を「競争の教育」に駆り立てると同時に、「学校規律」への「忠誠競争」を課し、かれら・彼女らを教育の当事者である位置から排除した。

(3)「教育改革」の新自由主義的本質

文科省の「教育改革」は、教基法改正前後から、つぎのような形をとって教育の新自由主義的な改編を進めてきた。

①「教育の目標」を「確かな学力」、「豊かな心」、「生きる力」、「人間力[注3]」へとつぎつぎと拡張し、それらにかなった学校目標を各学校に立てさせ、その実現を競争的に達成することを課してきた。このために、学校に定着してきた教育基本法体制はなし崩しにされることになった。

②教師にたいしては「目標管理」と「結果責任」「説明責任」を課すと同時に、人事考課による能力別給与制を採用するようになった。

③子どもにたいしては、「全国学力調査及び学習状況調査」ならびに地方自治体の学力テストを課し、学校・学級・個人ごとにテスト結果を競わせ、地域によっては全国平均を下回る学校には二度も三度も学力テストの実施を迫るという形として具体化された。

これらにみられるように、新自由主義的な教育行政は、行政命令・行政指導をつうじて、教育・学校の「制度設計」に強制的に介入し、そのルールをより競争的なものに変換し、子どもならびに関係者がそれにしたがって「自動的」に競争するような教育・学校体制をつくりあげてきた。

こうした学校システムをつうじて教育行政が追求していることは、「教育の目標」条項にみられるような新保守主義的な道徳規範を内面化した従順な「規律主体」に子どもを教育することもさることながら、それ以上に市場的・競争的な原理を内面化して、「人的能力」の所有者としての自分自身の「資質・能力」の向上を排他的に追求する自由でアクティブな「競争主体」に子どもを教育することである。

前者が「一望監視装置」をとおして規範を内面化する「規律権力」によるものだとすると、後者は、環境の設計やゲームのルールの改変をつうじて個人の行動を操作する「環境介入権力*」であるということができる。

このような新自由主義的な「環境介入権力」のもとでは、子どもは学校システムのなかに埋め込まれている競争のルールに導かれて、「自分自身にとっての自分自身の生産者**」となるように促される。新自由主義教育が目的としているのは、「自己選択・自己責任」を原則とする「自律的人間」であるとされているが、その実体は〈自分自身のために自分を管理・マネージメントする自由な競争主体〉だといってよい。

その場合、新自由主義的な教育改革は、すべての子どもを強制＝義務教育のなかに過剰包摂はするものの、学校教育をとおして市場原理を内面化して自己を統治できるものは社会のなかに生きさせ、できないものは社会の外に打ち棄てる。それは教育をとおして子どもたちのなかに「包摂と排除の切断線」を埋め込むことでもって、子どもたちを自己自身のための自己自身のアクティブな経営者に教育するものである。

＊　新自由主義が目指すのは、「ゲームのプレーヤーに対して作用するのではなく、ゲームの規則に対して作用するような社会」「個人を内的に従属化するというタイプの介入ではなくて、環境タイプの介入が行われるような社会」である。（ミッシェル・フーコー、慎改康之訳『生政治の誕生』筑摩書房、二〇〇八年、三一九頁）

　こうした観点からみると、入学試験というゲームの規則をテストの点数だけでなく、「関心・意欲・態度」の評価や内申書に記載される子どもの活動のキャリアと成績の点数化にまで拡張するのも、環境介入権力のあらわれであるということができる。

＊＊前掲『生政治の誕生』二七八頁。

　佐藤嘉幸はこれを「自己自身のために自己へと投資し、自己のコストを徹底的に管理するような自己自身の企業家」と注釈し、「現代の新自由主義の統治において、まさしく市場原理を内面化した『自分自身の企業家』による自己のマネージメントが求められている。終身雇用の撤廃、能力別給与の導入、社会保険の縮減は、ますます自己のキャリアを自己によって立案、管理し、自己の人的資本をたかめて地位の向上を目指す、といったセルフ・マネージメント型の自己統御を促進することになる」と述べている。（佐藤嘉幸『新自由主義と権力』人文書院、二〇〇九年、四九―五〇頁）

（4）「授業・学級崩壊」と「いじめ・迫害」

このような新自由主義的な「教育改革」は一九八五〜八八年の臨時教育審議会答申、一九九五年の日本経済団体連合会の『新時代の「日本的経営」』の宣言、二〇〇六年の教育基本法改正をつうじて進められてきた。そのなかで子どものなかにひろがり、今なお終わる見込みのないものに「学級崩壊・授業崩壊」と「いじめ・迫害」と「不登校・登校拒否」がある。それらは、「包摂と排除」を事とする新自由主義教育の陰画のごとく途切れることなくつづいている。

「授業崩壊」「学級崩壊」の「大量出現」は、臨教審が「教育改革」を論議しはじめた三〇年ほど前にはじまった。いまでも有名中学校進学志望者の多い地域の公立小学校の上学年に「授業破壊」「学級破壊」が多発するといわれるが、それらの最初の「仕掛け人」は受験勉強やスポーツの「できる子ども」であった。

そのころすでに、教師の問いに黙って答えないものに「早く答えろよ」と非難し、もたもたしているものに「だからドジだといわれるんだ」と野次り、子どもたちに考えさせようとする教師に「早く答えを教えろよ」と叫ぶ「できる子」の言動が目立つようになった。

「授業破壊」の中心にいるものは、教室のなかに設計された競争的なゲームのなかで「勝ち抜く」ことを追求してやまない子どもたちであった。かれら・彼女らは授業空間において自分たちの支配権を守り抜くために、ときには露骨に、ときには陰湿に競争相手にたいする「いじめ」をしかける。さらには、リーダー的な子や教師をもいじめの対象とする。

だが、「勝ち抜き」競争は、その裏側に「つぶしあい」「落としあい」といってよいいま一つの競争――「底辺への競争」が張り付いている。それは排除されたもののなかの更なる排除の競争である。このために、「いじめ・迫害」はこの「つぶしあい」をつうじて有徴的な子どもをクラスの底辺におとしいれ、さらにはその外部に排除する。

このような学級内の競争と排除は、格差・貧困の広がり、家族・地域の解体、それらと不可分な虐待・ネグレクト・発達障害などをくわえ込み、ふくれあがり、あらゆる差異を差別化し、包摂と排除を拡大再生産する。

いじめはつぎつぎといじめの標的を取り替え、引き換えてすすめるために、子どもたちはパニック状態におちいり、いじめられないために、つねにいじめる側に与するように立ち回る。そうしたなかで、「いじめ」と「報復」が入り乱れ、加害者と被害者が入れ替わり、加害と被害の関係は修復されることもなく、何年もつづくことがある。その果てに「いじめ」が子どもを死に追いつめる「迫害」に転化する。それと並んで被害者が長じて加害者に報復する事件も続く。

しかし、「いじめ・迫害」がクラスのなかに生じていたことは誰も知らなかったわけではない。実際は多数の子どもが知っていた。それは、事件が明るみに出ると、いじめ、迫害があったことを証言する子どもがつぎつぎと現われることにおいて明らかである。このことは、子どもたちがそれに介入するどころか、見過ごしてきた、というよりは見ないことにしてきたことを示している。

その意味では、「学級崩壊」という事態は、民主的・自治的な集団づくりとは逆向きの、「関係性の解体」「個人化の徹底」「差異の差別化」「競争と排除」「いじめ・シカト・迫害」の「集団こわし」であり、「いじめ集団づくり」である。そのなかでは、子どもたちはよりよい生活と生き方を選択する自由が許されない。そこでは、競争し、つぶしあい、落としあう「自由」だけが「許容」され、それ以外の自由への志向性はすべて抑圧される。これが子どもたちによって生きられている新自由主義的な現実である。*

＊「いじめ」を「いじめ・迫害」というのは、「いじめ」は未熟である子どもの自治の始まりであるととらえているからである。隠れん坊のとき幼い子を一番先に見つけて次のオニにするような者をひとりだけ残して、あそび場からみんな引き上げることなどその一例である。問題は、「いじめ」が人権無視の「迫害」へと悪性化して、子どもの民主的な自治に転換・発展しないところにある。「いじめ」は外部の大人がどんなに介入をしても根本的に解決できるものではない。「いじめ・迫害」という裏には「いじめを解決することができるのは子どもの自治のちからだけである」という考えがある。

2　生活指導・集団づくりのケア的転回

(1) ケア的なアプローチの試み

このような子どもたちの状況が広がるなかで、生活指導実践のなかに本来あった「ケア」的な側面にたいする関心と実践が広がるようになった。その直接の契機は、ひとつは傷つきやすさと生きづらさを抱えた子どもが顕在化・可視化したこと、いまひとつは学級社会を下から支え、周りから取り囲んできたケアと相互依存の関係が解体してきたことにある。

ケア的なアプローチは傷つきやすい一人ひとりの子どもを当人の個別的・具体的な生活文脈に即して配慮することから始まる。それをとおして子どもたちのなかにケアと相互依存の関係性を編み直し、脆弱で不安定な存在である子どもを排除するのではなくて、共生することができる社会的な関係性をつくることを課題としている。

このような射程をもつ「ケア」という実践をいま、八木優子「付き合いながら出会いなおす(注4)」にそくしてみることにしよう。

小学校時代から両親の葛藤に巻き込まれてきた亜美は、中一のときから学校の秩序に従えず、中二の夏休みに母親が家族を残して家を出てからは登校・不登校をくりかえし、逸脱行動をエスカレートするようになった。その亜美にたいして、中三の学級担任となった八木がどのようにかかわったのかを記録したものが本レポートであるが、その実践の過程を大づかみにいうとつぎのようになる。

①受け入れ、見守ること

八木は亜美のありのままを受け入れ、見守ることから始めている。子どものありのままを受け入れるということは、子どもの好き勝手を許すことではなく、矛盾・葛藤を含めてまるごと受け入れて、見守ることである。そのために、教師は「あなたはそこにいるのね」「私はあなたのそばにいつもいるよ」というポジションをとり、子どもが矛盾・葛藤している自分と向き合い、新しい自分を生み出してくることを待つことである。

②当の子どもの目線で世界を見ること

八木は亜美の傍または後ろに立って、彼女の目線でクラスの子どもたちが群れて遊んでいる世界を見るようにしている。そのなかで同世代の群れに加わることができないでいる亜美の悲しみといら立ちと高ぶりを感受し、「学校に来るのは同世代の友だちがいるから」という亜美の「呼びかけ」を聴きとる。

③教室を亜美の「居場所」とすること

その「呼びかけ」の「応答」として八木は「私はしばらくの間、亜美が教室で何をしても、いっさい叱らないことにしました。彼女にとっては、ここが居場所になることが一番大事なことだと思うからです。今の彼女は私が叱ると心を閉ざしてしまいます。彼女が安心してここで過ごせるようになるまで、いっさい叱りません」と宣言している。この宣言は、亜美の当面のニーズを確かめ、それに応答責任をとろうとする八木の亜美にたいする約束である。そうすることによって八木は亜美へも、生きる権利を保障している。(注5)

④「呼びかけと応答」から「相互応答・対話」へ

このような「呼びかけと応答」の関係が八木と亜美のあいだに紡がれていくなかで、八木は授業中たびたび席を変えて学習に取り組まない亜美とその班にたいして注意をしたところ、亜美は「やったって、すぐに(勉強ができない)壁にぶち当たるんだもん」と抗弁するかのように答えた。それ以後、これに似たトラブルがあると、亜美は「先生とケンカできた」と八木や友だちにもらすようになった。このことばは、「呼びかけと応答」が「相互応答」的な「対話」に変化し始めたことを示している。

いや、そればかりか、それは「勉強ができない」という『包摂と排除の切断線』をどうしたら越えることができるか」という問いを八木や級友に問いかけ、それにたいする八木や級友の「応答」を引き出すものであった。さらにいえば、その亜美の問いは、傷つきやすい他の子どもたちの問いでもあったことに注意する必要があるだろう。

⑤担任とクラスにたいする亜美の抗議

三年の一二月に班長会は「今なら誰と一緒になっても大丈夫」という判断からくじによる班替えをすることにしたが、悪いことに彼女が欠席していたときにそれが行われた。そのために、彼女は新しく編成された班に入ることを拒否し、これまでの班の席に居座りつづけた。彼女はやっと行動でもって自分が必要としていること（ニーズ）を示した。

それだけでなく、亜美は八木にたいして「(先生は) みんながいいといわないと (何も) 決めないって。なのにこの前の席替えはさ、うちがいないのに勝手にやったじゃん」と抗議した。それは、当事者である亜美に「ケアされる権利」があるだけではなく、「不適切なケアは拒否する権利がある」ことを示している。彼女がこのような「当事者主権」を行使して、「包摂と排除の切断線」を彼女の側から越えて、彼女のニーズを明示し、それをクラスの子どもたちのものにすることができたことを意味している。

このように子どもは教師の不適切なケアを拒否することをつうじて、ケアの非対称的な関係を乗り越えて、はじめて正しいことには従うが、不正なことには抵抗する正当な関係を教師と取り結ぶことができるようになった。

⑥ケアと自治の相互浸透――当事者主権と集団自治

班替えにたいする亜美の抗議がクラスに受け入れられ、亜美とおなじ「生きづらさ」を抱えている子どもたちも自分のニーズを行動とことばで示すことができるようになるにつれて、「包摂と排除の切断線」によって分断されていたクラスは、人間という存在は傷つきやすくもろい存在であること、ケアし、ケアされる関係性がクラスの基底になければ、人間は存在することができないことを学んだ。また、自治的集団はケアと福祉実践をつうじて一人ひとりの生存権と幸福追求権を保障するものでなければならないこと、いいかえれば、当事者主権と集団自治が不可分であることを学んだ。

(2)「呼びかけと応答の関係性」

この八木のようなケア実践が生まれてきたのは、教師たちが非行、不登校、いじめ・迫害、発達障害、被虐待の子どもたちとどのように関わったらいいのかを探りつづけてきたからである。そうした実践がひろがるにつれて、ケアにかかわるいくつものキーワードが生活指導のものとなってきたが、ここでは「呼びかけと応答の関係性」と「ケアの倫理」という二つのキーワードをとりだして、それらがなにを意味するものか説明することにしよう。

まず「呼びかけと応答」の関係性についていうと、教師が子どもとかかわるとき、二つの関係のいずれをとるかの岐路に立たされる。そのひとつは子どもを管理の対象と見なす関係である。そうした関係にあっては、教師は子どもという他者を自分の意思に従うものとみなし、子どもの他者性を否定する「私とそれ（対象物・所有物）」の関係となる。

いまひとつは、教師が子どもを自分とは異なる個別的な独立した人間存在、すなわち「他者」としてとらえて「私とあなた」の関係を結ぼうとする。教師は子どもを「我有化」するのではなく「他者化」し、その他者と「呼びかけと応答」の関係を取り結ぼうとする。

そうしたとき、他者は支配や操作や認識の対象（「それ」）として現われるのではなく、「私」に呼びかけてくる主体、すなわち「あなた」として現われてくる。傷つきやすく、もろい人間存在はつねに「私」に呼びかけてくる「あなた」として現われてくるのだ。それも、「もの」（対象）と見なされている自分を越えて「私」に呼びかけ、なにごとかを私に委託するものとして現われてくる。

しかし、「私」がこの「あなた」の呼びかけをいつも聴き取り、応答できるわけではない。なぜなら、「あなた」と出会い、「あなた」の「呼びかけ」に「応答する」ことができるためには、「私」も自己中心的な自分を越えることができなければならないからである。私たちが「出会い・出会い直す」ことを強調するのは、教師が自己中心的な自分を越えていくとき、新しい相貌を示し、新しく呼びかけてくる子どもの「他者の他者性」に出会い直すことができるからである。

このように教師と子ども、子どもと子どものあいだに、さらに教師と同僚のあいだに、ということは、ひろく自己と他者とのあいだに「呼びかけと応答の関係性」が結ばれ、「出会いと出会い直し」がすすむとき、両者のあいだに相共に分かちあうことができる「公共空間」と「世界」が立ち上がってくる。

そうしたとき、教師も子どもたちもその世界に生きてあることの悦びに恵まれ、他者との対話と討論をとおして「公共空間」をひろげ、「世界」をより意味深いものにつくりあげることができるようになる。[注6]

(3)「ケアの倫理」

いまひとつのキーワードである「ケアの倫理」は、リベラリズムと家父長支配が家族のケアを妻・母の義務とし、女性を家事労働にしばりつけてきたことを告発したフェミニズムのなかから生まれてきたものである。

だが、「ケア」ということばを前面に押し出して生活指導を論ずることには私たちのなかに「疑問」と「ためらい」があった。それは、「ケア」ということばが手あかにまみれ、新自由主義の文脈のなかで使われ、その意味するところが変わったと思われたからである。

さきに新自由主義教育は子どもを「自分自身にとっての自分自身の企業家」にするものであると述べた。この文脈に取り込まれると、ケアは、他者、とりわけ傷つきやすく、ケアのニーズをもっている他者に配慮するものではなく、人的資本としての自分にコストをかける「サービスとしてのケア」に変換され、自分を柔らかく管理する便法に転化する。

これにたいして私たちが実践をつうじてたぐり寄せた「ケア的なアプローチ」とは、フェミニストたちが主張してきた「ケアの倫理」に立つものである。

それによると、新自由主義が私たちのアイデンティティの核になると、私たちは他者に依存することのない自立した主体、自分自身に全面的な責任を持つ主体になろうとする。これにたいして「ケアの倫理」は、人間は弱くもろい存在であり、それゆえに相互依存関係にある存在ととらえる。(注7) 実際、人間は人生のなかでかならずそのもろさに直面し、他者の配慮や世話に依存することなしには生存できない。

そういう観点からすれば、依存・相互依存が人間存在の一般的な存在形態であって、自立はその特殊な形態であるといわなければならないかもしれない。依存・相互依存関係が自己と他者のあいだにあるからこそ、個人は自立的・自律的・市民的な存在であることができるのである。

だから、人間を弱いものととらえる「ケアの倫理」は、一人の他者を心配し、一人の他者のニーズに関心をもつことからはじまる。その際、ケアされるべき他者がもっとも必要としている基本的なことは、危害や暴力からの保護、不必要な苦痛を押し付けられないことである。だから、ケアの倫理は、不適切にケアされたりヘルプされたりすることを拒否する権利を当事者に認め、このような不適切なケアやヘルプを含む権力的・暴力的な支配の客体とされることから当事者を保護する。

このことを前提とすると、他者を「ケアする」ということは、所定の道徳律にしたがって他者に対応することではない。それは、個別的・具体的な文脈を生きている「この」他者とつながり、「この」他者のニーズに敏感になることである。また、それは、自分の力では満たすことのできないニーズの充足を求める「この」他者からの呼びかけに応答することである。(注8)ケアを求めるものは、「私がここにいる」ことを受け入れてくれ、労苦を共に引き受けてくれる「共在的他者」の応答を介して、自分の存在を確かなものとするのである。

だがしかし、その「自分」はこれまでの対人関係のなかにいた「自分」ではない。その「自分」は、応答してくれるものに応答を返す「もう一人の自分」なのである。当事者は、自分に応答してくれる他者の登場を契機に、記憶の底に沈んでいた「共在的他者」を呼び覚まし、呼び集めるのだろう。そして、「共在的他者」に応答する「もう一人の自分」をつくりだしていくのだ。「もう一人の自分」は、依存・相互依存の主体、ニーズの主体、不適切なケアを拒否する権利の主体として自覚するのである。そのなかで、他者に呼びかけていたものが、依存をめぐる当事者主体として自己決定権を実質的に行使し、「ケアされるもの」と「ケアするもの」との非対称的な関係を相互応答的な関係に転換していくのである。

そうした子どもたち一人ひとりの「自己決定権」「当事者主権」の行使が、集団自治の創設の契機となるのだ。集団自治はこうした一人ひとりの子どもの「自己決定権」「当事者主権」に裏付けられないとき、それは団体統制か、管理的処置に転化し、自治の実質を失う。*

＊ 中西正司・上野千鶴子『当事者主権』（岩波新書、二〇〇三年）。このなかで、上野は「当事者とは『問題をかかえた人々』と同義ではない。……ニーズ（必要）とは、欠乏や不足という意味から来ている。私が現在の状態を、こうあってほしい状態に対する不足としてとらえて、そうでない現実をつくりだそうとする構想力を持ったときに、初めて自分自身のニーズとは何かがわかり、人は当事者になる。ニーズはあるのではなく、つくられる。ニーズをつくるというのは、もう一つの社会を構想することである」とし、そのうえで、「当事者主権は、何よりも人格の尊厳にもとづいている。主権とは自分の身体と精神に対する誰からも侵されない自己統治権である。／当事者主権とは、私が私の主権者であって、私以外の誰も――国家も、家族も、専門家も――私が誰であるか、私のニーズが何であるかを代わって決めることを許さない、という立場の表明である」（三―四頁）と述べている。
ここには、新自由主義の「自分のための自分自身の企業家」とは対照的な人間のとらえ方が示されている。

3　自治的集団づくりをとらえ直す

(1) 班づくりの課題——避難所から居場所へ、そして根拠地へ

新自由主義が一人ひとりの子どもを社会的に保護してきたシステムを解体し、一人ひとりの子どもが裸の個人として析出され、競争と排除のなかで「いじめ・迫害」の対象とされる状況がひろがっている。

そのことを考えると、生活指導のケア的転回がそうであったように、自治的集団づくりもまたむき出しにされた一人ひとりの子どもが自分を取り戻し、他者とのつながりを改めて紡ぎ直し、自分たち自身の社会と政治をつくりだすことができるようにすることを切実な課題とする必要がある。そのためには、集団づくりは、社会的紐帯を奪われて「個人化」された子どもたちが他者と連帯して、自分と自分たちの自由と平等を追求する市民的な個人として自己を変革するものへと組み換えられなければならない。

私たちは自治的な子ども集団づくりの一環である学級集団づくりをこれまで①「班づくり」、②「リーダーづくり」、③「討議づくり」という三つの側面からなるものととらえてきたが、それらをいま求められている実践的課題に照らして見なおす必要にせまられている。

まず班づくりであるが、それは一人ひとりの子どもを個別・具体的な人間存在であることを保障するものとして展開されなければならない。そのためには、班はなによりもその子どもに危害やいじめや暴力を加えることを許すものでなく、すすんでその子を守るものであることが求めら

れる。

そのために、班はまずどのような子どもにとっても安全・安定・安心を守る「シェルター」（避難所）であることが求められる。これにつづいて、班づくりは「呼びかけと応答」の親密な関係性を班員たちのあいだにつくりあげて、差異のある他者と出会い、自他の差異を学び合うことを課題とすることを求められている。(注9) それは、班員たちがたがいに他者の主体性を尊敬し、たがいに関心を持ち合い、親しく交わることをつうじて、だれもが安心して自分のありのままを出せる「場」、それを出しても排除や暴力の対象とされないで応答される「場」をつくりだすことである。

しかし、実践的には、こうした「場」がストレートに、また「自然に」できてくるものではない。そうした「場」は、班員たちが教師の指導と援助を受けて子どもたちの社会的な葛藤や私的なトラブルに関与し、その対立的な関係を平和的な関係に「繕う」ことのなかでつくられる。つまり、班のゴタゴタを解決し、班の分裂や亀裂を「修復する」ことのなかではじめてつくられていく。

そうした意識的な子どもと教師の取り組みがなければ、班は一人ひとりの子どもにとっての、またすべての子どもにとっての「居場所集団」にはならない。この名づけは今日的な班づくりの課題を直截に言い当てている。なぜなら、「居場所」とは、人びとがつながりをつくりあげることをとおして、それにかかわるすべてのものに自由と平和を与える「場」であるからである。(注10)

そして、班はこのような「居場所集団」であるとき、一人ひとりの子どもが「当事者主権」にもとづいて自分の必要＝要求の実現を試みる「場」、自分の必要＝要求が社会的に承認される「場」、つまり「ベースキャンプ」「根拠地」としての実質をもつようになる。

このような「シェルター」から「居場所」へ、そして「ベースキャンプ」へと発展させていくサイクルを螺旋的にかさねていくなかで、班づくりはクラスの底部にセーフティネットを張り、子ども一人ひとりがリスクに挑み、冒険を試みることを励ますものとなる。そのとき「班づくり」は子どもたちの人間形成にとって第一次的な影響力を持つグループとなり、それをかいして子どもたちは強制的に編成された学級を自分たちのものとしていくのである。

(2) リーダーづくりの課題――疎外からの解放と自治への参加

しかし、いま、このようなかかわりを他の子どもたちと取り結ぶことができるようなリーダー的な子どもがいるかというと、そうだとは簡単に言えない。

だが、本当にリーダー的な可能性をもつ子どもがまったくいなくなっているのだろうか。もしかしたら私たちがこれまで想定してきたようなリーダー像にかなった子どもがいなくなっているだけのことであって、別のところにこれまでとは違うリーダーシップ・フォロワーシップが生まれているのではないか考え直してみる必要がある。

そのことは、新自由主義的な教育改革のただなかにさらされている教師についてもいえる。新自由主義の「独裁的」な行政支配のなかにありながらも、自分の教育実践・教育研究の自由をなんとか維持したいと願っている教師がいる。それにもかかわらず、これらの教師は行政指導の「独裁化」のなかに自己を「疎外」していかざるをえない。そのために、子どもの「呼びかけ」は聞こえながらも、無視するしかない自分がいることを否定することができない。

そうした教師のなかに、いま注目するに値することが生じている。それは、個別具体的な問題を抱えている子どもとの関係を介して、「自分」にたいする「私」の関係を倫理的に問う主体が生まれていることである。それは共在的他者に支えられているものではあるにしても、それにもかかわらず「自分自身にたいする『この私』の倫理的志向性」であり、それに裏付けられた「政治性」である。

こうした教師たちとおなじく、いじめられている子どもを守ることができないで、客観的には加担している自分に苦しんで、不登校になる子どももいる。また、いじめられている子に「なにもできなくてごめんね」と謝っている子どももいる。

そうした教師や子どものなかに、他者の生きづらさに共感する民主的な感受性が生まれていることを見逃してはならない。他者を「もの」と見なしてしまう疎外・自己疎外からの解放を求めて、他者の生活と生き方に共感的に関与し、他者とともに集団や世界の在り方を民主的なものに変えたいとするものが現われているのではないだろうか。

そうだとすれば、リーダーづくりにおいても、自己疎外から自己自身を救出するために関係性と集団性の民主化に関与・参加しようとする子どもの感受性と倫理的な志向性に注目して、いま求められているリーダーシップとフォロワーシップとはどういうものか探る必要がある。

新自由主義が「自分自身のための自分自身の経営者」をつくることを目的としているならば、私たちは「もう一人の自分」の実現と「もう一つの社会」の創設のために自己自身を方向づけようとする自律的・自治的主体を育てることを課題とすべきではないか。このようなリーダー像は幻想的ではない。対抗的リーダー像はすでに市民的な活動家、民主的なボランティア、社会的企業の起業家などとして現われている。

こうした観点からみるとき、リーダーを育てるためには、友だちと相互応答的な関係性をむすびながら、友だちがどのように生きてあり、どのような生き方を願って行動しているかを学ぶことが大切なこととなる。そして、亜美がクラスのなかに埋め込められている「包摂と排除の切断線」を越えたように、自分もまたそれを越えて、他者とともに生きるに値する世界を構築できるかを自分自身に問いかけ、他者と対話できることがリーダー的な子どもたちに求められているのではないか。

そうだとすれば、私たち教師が対話と討論をつうじて教育実践を分析・総合し、実践の構想を立てるように、子どもたちもまた対話と討論をつうじて自分たちの学級集団づくりの実践を分析・総合して、リーダーないしフォロワーとしての個人的自覚と力量を獲得することが求められる。そのためには、自分たちの「生き方・在り方」の批判的な学びと反省をふまえて学級を民主化する構想を立ち上げるインフォーマルなリーダーたちの集まりや、班長会をつくることが必要不可欠なこととなるだろう。

(3) 討議づくりの課題（Ⅰ）――「自分の不利益には黙っていない」

これまで「子どもの差異と複数性」を意識して「集団づくりの見直し」を論じてきたが、それでは、集団づくりのもっとも重要な側面といわれてきた「討議づくり」をどのように見直せばいいのだろうか。

それについては、すでに「班づくり」ならびに「リーダーづくり」のなかで、それらと並行して展開される「討議づくり」についていくつかの問題を提起した。

そのひとつは、「呼びかけと応答」ならびに「対話」をつうじて自分のなかの「もう一人の自分」の現われを促し、個別・具体的な存在である一人ひとりの子どもが外的・内的な他者との対話・討論をつうじて「自己決定権」「当事者主権」を行使できるようにすることである。

いまひとつは、自己疎外からの自由を求めて集団の民主化に参加するものが、自分ならびに友だちによって生きられている生活現実を批判的に意識化する「話し合い」や「討議」をつうじて、「いまひとつの生活現実」「いまひとつの集団（社会）」の実現可能性を追求することである。

これらの「呼びかけと応答」ならびに「対話」「討議」が学級（総）会へと流れ込み、学級（総）会の討議や学習的な討論が組織され、集団決定や合意形成が行われる。場合によっては、討議や討論は決議や合意形成という形を取らず、子どもたちの自主的判断に委ねられることもあっていいだろう。

学級集団がこのような過程をつうじて子どもたちの要求＝必要を社会的に承認し、その実現にむけて自治的集団の「意思」と「ちから」を確立すると同時に、一人ひとりの子どもがそのなかで自分をエンパワーし、「当事者主権」を獲得していくことが、「討議づくり」といわれてきたものである。

こうした観点にたつとき、全生研常任委員会編『学級集団づくり入門　第二版』（明治図書、一九七一年）がこうした討議づくりの原則として「自分の不利益には黙っていない」と「みんなできめて、必ずまもる」（読点に注意）という二つの原則を掲げたことをどう批判的に引き継ぐかが問題となる。

そのひとつである「自分の不利益には黙っていない」は、教師または発議者によって提案されたものが自分自身にとって不利益であると疑義を呈し、異議を唱え、抗議することである。それは、いいかえれば、提案されている活動や規則にたいして子どもがリアルな「個別・具体的な存在」として異議を申し立てることである。

したがって、それは、第一に、「自己決定権」「当事者主権」を行使する「自由」を意味している。また、自己の意見表明権を「自由」に行使し、討議する場（公共空間）を創設し、公論を組織することをも意味している。

第二に、それは、自分にとっての「不利益」を主張することをとおして、提案内容が集団の一人ひとりの「利益・不利益」にかかわるものであり、「平等・不平等」にかかわるものであることをみんなに意識させる。

このようにみてくると、「自分の不利益には黙っていない」は、差異と複数性からなる集団における自由と平等とはなにかを問う討議を発生させるものであり、討議を組織する「公共の広場」（総会）をつくりだすものである。そればかりか、それは、集団における「自由と平等」とはなにかをみんなに問いかけ、「これまでの競争と排除」に代わる「自由と平等にもとづく民主的な秩序」を創設する契機となる。

そのなかで、総会の参加者は、「自分の不利益には黙っていない」発言に触発されて、現実に埋没している自分のなかの「もう一人の自分」の現われを意識して、討議に加わり、自分の意見表明権を行使しようとする。参加者は改めて自分にとっての不利益はなにか、不足・欠乏しているものはなにか、どういう権利が認められず、禁止されているのかを反省的にとらえかえし、自分がなにを要求とし、必要としているのかを意識しはじめる。

そうなると、討議は、集団のなかにある「差異と複数性」を掘り起こし、かれらの共通する「要求」を組織するものとなると同時に、それらを社会的な「必要（ニーズ）」へと変換し、公的に承認するものとなる。

これを別な角度からいえば、この原則は、学級が「差別と排除」の集団になることにブレーキをかけ、それを「自由と平等」を追求する集団に転換するものである。それが、「いじめ集団づくり」ともいえるものを「民主的な集団づくり」に転換するのであり、いじめのなかで倒立していた民主主義を正当な姿・形に戻すのである。

（4）討議づくりの課題（Ⅱ）――「みんなできめて、必ずまもる」

それでは、「自分の不利益には黙っていない」と一体である「みんなできめて、必ずまもる」がなにを意味しているのだろうか。とりわけ、そのなかの「読点」はなにを意味しているのだろうか。

これは、『学級集団づくり入門　第二版』の編集過程で定式化されたものであるが、それが定式化されたのは、ひとつには、「みんなできめたことは必ずまもる」では集団づくりを硬直化させるものとなるからであった。いまひとつは「みんなできめた」ことがつねに正当性をもつものかを問い直し、反省し、再審にかける必要があるからでもあった。

だが、いまから振り返ると、前掲『第二版』が強調したかったのは前者よりも後者であったと思われる。この原則のなかに打たれている「読点」は、討議が決定に移ろうとするとき、また決定が実行に移されようとするとき、一息入れて、その決定はほんとうに「みんなできめた」ものであるのか、それが何を根拠としてきめられたのかを反省したうえで、「みんなで必ずまもる」ことを含意していた。

そこで、この含意を読み解くために、子どもたちが遊びのなかでルールをどのようにつくっているかをみることにしよう。

子どもたちが遊びのなかで「ケンカ・口論」をはじめるときは、たいていの場合、「いやだ!」や「ずるい!」という叫び声ではじめる。その場合、「いやだ!」は、遊びのルールにたいする当事者の不利益を主張するものであるのにたいして、「ずるい!」は、「なぜいやだ」という問いにたいする理由であるともいえる。

「ずるい」には相手の人格を罵倒するヘイトスピーチ的な意味もあるが、この場合のそれは英語でいう"You are dirty!"(「きたねぇ」)という意味よりも、"It's not fair!"(「公正でない」)という意味を含んでいる。

しかし、子どもは相手の「行為」が公正でないこと、遊びのルールそのものが公正でないことを主張するとき、反対に自分が公正であったかを他のものに問い返される。

そのなかで子どもは自分の利益だけではなく、他のものの利益を念頭に入れ、集団全体の、ということは、「公共」の利益を考慮しなければならないことになる。そのために、自分の不利益、自分の主張を公的な言葉、つまり、正義の言葉でどう表現するかを考えなければならない場に立たされる。このとき、子どもの言動が私的領域から公的領域に移行し、討議が本格的に始まるのである。(注1)

このようにみてくると、子どもはものごとを決めるとき、二種類のルールをつくっているということができる。その二種類とは、「ルールをつくるルール」（構成的ルール）と「そのルールによってつくられるルール」（被構成的ルール）、言い換えれば、「規範的ルール」と「規範的ルールによって根拠づけられている個別的なルール」の二つである。

しかし、子どもは「ずるい」というとき、規範的な価値を理性的に把握できているわけではない。だが、子どもは具体的な行動と事実にもとづいて、ときには行動をリプレイすることをつうじて規範の意味を直感し、その内実を「構想」していく。子どもたちはこうした仮説を構えることでもって、遊びの具体的なルールが「公正」であるのかどうか、「正義」にかなっているかどうかを論争する。そのなかで、子どもは「自由」「公正」「平等」「正義」などの規範・価値を探求し、それらを公的に承認し、確立していく。

そして、子どもたちはこれらの「価値」や「規範」に照らして個々の遊びのルールの正当性を審議して、それを「被構成的なルール」として確定するのである。ちょうど、わたしたちが最高法規である憲法をつうじて下位の個別的な法律の正当性を審議・確定するように、子どもたちも「ルールをつくるルール」「規範的ルール」に照らして個々の遊びのルールを審議し、改廃していくのである。

その意味では、子どもたちの「ケンカ・口論」は立憲民主主義的である。

このようにみてくると、いま必要とされている討議づくりの課題は、第一に、理性的な根拠のない権力的、管理的なルールに子どもたちを無批判に従属させることではなく、子どもたちが

「自分の不利益には黙っていない」という自由を行使することをつうじて自分たちが要求し、必要としている活動を実現するように励ますことである。

第二は、子どもたちに課されている活動や子どもたちが企画する活動に取り組む際に、それを効率的、事務的に処理する討議・決定にとどまるのではなくて、その討議・決定を規範的ルールの探求に開いていくことである。ということは、討議づくりは「規範的ルール」と「個別的なルール」のあいだ、「構成的ルール」と「被構成的ルール」とのあいだを往還する討議を組織し、「自分の不利益に黙っていない」自由を「規範創設の自由」へと発展させていくことであるからである。(注12)

第三は、子どもたちが自分たちの活動の目標・ルールを審議する際、子どもたちによって生きられている生活現実に結び付けて論議するだけではなく、子どもたちの発達に応じてではあるが、「自由」「平等」「正義」などの規範的な価値を問うと同時にそれらに照らして物事を討議・決定する力量を育てていくことである。

自治的集団づくりは、「自分の不利益に黙っていない」ことを実践的原則のひとつにするが、それは「ホンネ」を絶対視し、「タテマエ」の存立を否認するものではない。また、「なんでもあり」の自由にあぐらをかくが、「公共の福祉」や「市場のルール」にぶつかると自由を放棄してしまう軟弱なものでもない。

自治的集団づくりとは、「自分の不利益に黙っていない」自由を「規範創設の自由」へ発展させていくことをつうじて「民主主義の民主化」を追求しつづけていくことである。それは「ホンネ」を取り出すことで満足するのではなくて、それにもとづいて新しい「タテマエ」を創設することであるといってもいいだろう。

こうしたことができるとき、私たちは「いじめ集団づくり」を超えて、子どもたちとともに自由と平等の統一を高め、民主的な自治と市民的道徳を創造することができるだろう。(注13)

【注】

(1)湯浅誠『反貧困』(岩波新書、二〇〇八年)六一頁。「自分からの排除」とは、私の理解では、「自分からの自分自身の排除」だろう。この書のなかで、湯浅はインド出身の経済思想家、アマルティア・センの貧困論に依拠して現代的貧困を問題にしているが、センのいう「潜在能力」(capability)とは、人が行いうること、そうでありうることの範囲を意味している。その意味では、現代的貧困は「生き方選択の幅」を限りなく剥奪するものであるということができる。

(2)教育基本法改正については、拙著『いまなぜ教育基本法か』(桜井書店、二〇〇六年)を参照されたい。

(3)これらが何を意味し、どういう関連にあるかを問題にする批判的な議論はそう多くはない。それらが「確かな学力」と「ゼロトレランス」(詳しくは第Ⅵ章を参照のこと)に焦点化されて批判されているが、これらの全体を批判的に読み解き、読み開き、読み破り、書き直す議論を起こすことなしには、権力的統制を民主的な討論へと開いていくことができないのではないか。

（4）八木優子「付き合いながら出会い直す（完成版）」新潟生活指導研究協議会編「子どもたちの苦悩や葛藤に応答する集団づくりの世界を」二〇一三年所収。

（5）生活綴方・生活指導運動は憲法二六条のいう「義務教育」を「強制・義務教育」ではなく、子どもの「教育への権利」ならびに生存権を保障するもの、すなわち「権利・義務教育」としてとらえてきた。したがって、このなかの「義務」とは、国家の教育に従う子どもの「義務」を意味するものではなく、子どもの生存する権利、教育への権利を保障する保護者、自治体、国家の「義務」を意味している。ここに、「義務教育学校」が教育とならんでケアを自らの仕事としなければならない根拠がある。

（6）「呼びかけと応答」並びに「自己と他者」「わたしとあなた（我と汝）」については、清眞人『経験の危機を生きる――応答の絆の再生へ』（青木書店、一九九九年）を参照されたい。

（7）「ケアの倫理」については、岡野八代『フェミニズムの政治学』（みすず書房、二〇一二年）、ファビエンヌ・ブルジェール、原山哲・山下えり子訳『ケアの倫理――ネオリベラリズムへの反論』（白水社、二〇一四年）を参照されたい。

（8）「『配慮する』ことにおいては、価値、規則、法を道徳的推論によって考えることではない。『配慮する』とは、特定のコンテクストで、社会的文化的な信念や、感情をともなう歴史を持っている他の主体と、どのように関わるか、ということだ。倫理は、完全に合理的な事柄ではない。心遣いにおいて、倫理は、他者のニーズの充足、適切な対応、他者への関心、関係の維持にかかわる。それは、他者に無関心であったり、他者を非難するよりも、関係を保つことなのだ」（前掲『ケアの倫理』四六頁）。これはかつて「生活指導をとおしての道徳教育」といわれたものにきわめて近い。

（9）「民主主義というのは、差異から学習することであり、私たちと異なる他者とともに生きることを学習することである。まさにこうした理由によって民主主義は、人生からのみ学習することができるのである。」ガート・ビースタ、上野正道訳『民主主義を学習する』（勁草書房、二〇一四年）二五二頁

（10）「居場所」とはなにかを考察している文献がそう多くはない。ここでは、ハイデッガー、桑木務訳『存在と時間』（岩波書店、一九六〇年）にもとづきながら、「居場所があること」と「居場所がないこと」とを考察している笹沼弘志『ホームレスと自立／排除――路上に〈幸福を夢見る権利〉はあるか』（大月書店、二〇〇八年）の「終章　世界の喪失と創出」をあげておく。ここでは、「居場所がないこと」が「世界の喪失」と、また「居場所があること」が「世界の創出」と関連づけられて論じられている。

（11）この事例については、ダグラス・ラミス『憲法は、政府に対する命令である。』（平凡社、二〇〇六年）を参照されたい。

（12）この「二つの自由」をめぐる議論は、丸山眞男が敗戦直後の一九四七年の「日本における自由意識の形成と特質」（『丸山眞男集』第三巻、岩波書店、一九九五年所収）のなかで「拘束の欠如としての自由」と「理性的自己決定の自由」の対立としてつとに問題にしたものである。それを現代の課題に引き取って、後者を「規範創造の自由」ととらえ、立憲主義の再構築を提起したものとして樋口陽一『憲法　近代知の復権へ』（平凡社、二〇一三年）を挙げておく。この議論は、教育における「ホンネ」と「タテマエ」をめぐる潜在的論争に深くかかわっている。

（13）本稿は「『道徳』の特別教科化」を直接に論じることとはしなかったが、「ケアの倫理」と「民主的な市民道徳」をこれに対置することをつうじて、これを批判的に問題化する切り口を示していることを付言しておきたい。

Ⅳ

生活指導と授業

――学びから世界参加へ

山田　綾

1　はじめに

近年、「知識基盤社会」(注1)の到来が叫ばれ、子どもの創造性や独創性を育む必要が指摘されているが、実際には全国学力テストやＰＩＳＡ調査などに向けて、達成すべき水準が掲げられ、教育の標準化が進んでいる。ドリル学習が復活し、基礎基本の習得型学習が重視され、また教師が子どもや地域に即して活動をつくりだしてきた「総合的な学習の時間」においてもパッケージ化された活動が用意され、活用型学習においても展開が細かく示され、教師は指示どおりに教えることが期待されている。

アンディ・ハーグリーブスは、こうした状況を知識社会の学校と教師の困難として、次のように描き出している。すなわち、スタンダード（専門性の基準）により教育実践は標準化され、教えることはリテラシーと数学のような限定的な科目で優先され、教師たちは念入りに脚本化され、正確に時間を定められたフォーマットのなかで、「科学的に証明された」とされる教授方略により優先科目を重点的に指導することを、研修をとおして要求される。(注2)

そのなかで、学習が形式化されてしまい、子どもたちが他者（モノや人）との関係、すなわち生活現実について学ぶことが後退している。特に、標準化は、教室や子どものさまざまな特色を生かして教えと学びを考えること、つまりたとえば自閉症スペクトラムしょうがいや増加する貧困世帯に身を置く子ども（二〇一二年度調査によれば六人に一人は相対的貧困にある）などさまざまな子どもたちへの対応を困難にし、結果として学校をとおしてそうした子どもたちを排除していくことになりかねない。

学ぶ意味が実感できず、子どもが学びから逃走していることが問題にされたのは、一九九〇年代後半である。「新しい学力観」が登場し、「学び方の学習」により授業が改造されるかに思われたが、授業は形式化されてきた。本稿では、子どもたちが生活現実を読み解き、自ら生活現実を変革していく「学び」について、改めて考えることにしたい。

2　学びの復権――授業と生活指導の課題

(1)　授業不全と学びの空洞化

一九九〇年代後半に、要素的な知識や技能の習得を目標にした「一元的能力主義教育（偏差値が唯一の能力を測る基準と考える）」が立ちゆかなくなるとともに、授業が成立しなくなり、それを契機に学級が崩壊していく事態が広がりをみせた。子どもが授業中に立ち歩いたり、騒いだりして、教師が注意しても止められず、授業不成立の状況が続き、「学級崩壊」と呼ばれるようになった。

その際、知識や技術の伝達に留まるという授業が有していた問題とともに、子どもたちが授業に身を投じてこないこと、子どもたちの関係が民主的で自治的なものとしてつくられていないことが問題にされた。

後二者の問題については、後述するように個人化を必然とする消費社会化や子ども期の喪失により子ども自身の生活世界が奪われ、競争と差別を正当化する能力主義や自己責任的で排他的な見方が浸透したことなどが根底にある要因として考えられた。

学級という舞台で起きるトラブルやもめごとが個人的な問題とみなされ、限りなく私事化され、個別化されてしまう。そして、学級がトラブルやもめごとに対して「私」と周りにいる他者が共に取り組む場でなくなるとき、学級は崩壊していく。

こうした状況は、たとえば、故鈴木和夫実践に登場するTというアスペルガー的な傾向をもつ子どもと周りの関係に典型的にみられた。(注3) Tは、パニックを起こすと暴力的表出をするため、周りから排除されていた。排除と孤立を恐れ、親密な二人による二者関係に固執するTはS男に接近してはトラブルを起こし、周りから排除されるという悪循環に陥る。ある日、Tは教室でボールを壁に当てていたS男に「パニクるおまえなんかに注意されたくないよ、バーカ、死ね！」と言われる。周りの子どもにも「T、おまえ、パニクんなよ！　すぐものを投げるからいやだぜ！」

と言われ、「そうかよ、オレが死ねばいいんだ！　いなきゃいいんだろう！」と叫ぶに至る。

Tは、「標準的」でないとみなして自分を排除する他者の暴力性を恐れ、パニックすると何をするかわからない自分におののいていた。自分と他者の暴力性に恐れを抱くTと周りの子どもが求めていたのは、平和的で民主的に生きられる自他の関係があることを知り、どうしたらその関係をつくることができるのかを学ぶことであった。

子どもたちは、一元的能力主義の元で詰め込まれる知識や技術、それに替わって登場した「新しい学力観」による「学び方の学習」がその形式化により、自分と周りにいる他者が共に存在する場や社会を変革するものととらえることができず、授業を拒否したのである。

(2)「新しい学力観」の衝撃的登場とその政策的意味

では、一九九〇年代に、これまでの要素的な知識・技能の教授から転換がはかられた「新しい学力観」の育成とは、どのようなものであったのかをみておこう。

臨時教育審議会答申（一九八五年）や教育課程審議会答申（一九八七年）で提起され、一九八九年改訂の学習指導要領に採用された「新しい学力観」は、子どもの思考力や問題解決能力と関心・意欲・態度を引き出し、体験的学習や問題解決学習により「主体的な学び方の学習」を重視するものとして登場した。

しかし、新しい学力観は、次のような人間像を前提とするものであった。それは、「いかに社会が変化しようと、自ら課題を見つけ、自ら学び、自ら考え、主体的に判断し、行動し、よりよく問題を解決」し、たくましく生きる人間である（中教審答申、一九九六年）。そこには、「いかに社会が変化しようと」という表現にみられるように、不可知論を前提に社会のあり方を問うことなく、社会を個人の力で押し渡っていく強靭で傲岸な人間のとらえ方（「資本主義的人間像」）が示されている。

この人間像は、起業家精神（エンプレナリー）や企業の要請に応えることができる潜在的な就業能力（エンプロイアビリティ）の教育を推奨していくことになる。なぜなら、この二つは対であり、自己裁量権を持って働くことができ、「自分自身のために自分をマネジメントする経済主体」といわれるものが含意されていたからである。

経済界は、一九九〇年代に労働者を三つのタイプに種別化することを提起した（『新時代の「日本的経営」』日本経営者団体連盟。現在は経済団体連合会と統合、一九九五年）。従来どおり「終身雇用」を保障される幹部候補の「長期蓄積能力活用型グループ」と、雇用期間を限った「高度専門能力活用型グループ」と「雇用柔軟型グループ」の種別化である。この種別化に対応する複線型の能力開発システムが必要であるとして、「新しい学力観」と「キャリア教育」が提起されていった。

そして、大競争時代（メガ・コンピティション）における個人主義的競争を徹底するために、弾力的（フレキシブル）な教育制度の運営や高校改革が実施された。「総合学科」の創設や単位制高校の全日制への拡大、特色ある学科づくりなどの高校改革が行われ、習熟度別学習、学習のコース化、小中一貫、中高一貫、飛び進級などの教育制度の緩和が進められた。こうして、詰め込んだ知識量を競う「一元的能力主義競争」から、「学び方の学習」をとおして「新しい学力」を競う「多元的能力主義競争」への転換がはかられ、学習者自らが自己選択・自己責任・自己負担で教育の個別化・個体化を進めていった。(注4)

このような雇用と教育のシステム転換は、バブル崩壊後の不況を乗り切るだけでなく、製造業を中心にした大量生産方式の企業経営をグローバル化・情報化に対応して、冒頭で述べた知識経済へと転換するものであった。(注5)

なお、当初、教育の力点を「基礎的・基本的な内容」から「自己教育力の育成」(一九七〇年代に提起)に移し、「統治としての義務教育」という「社会化」の観点としての「基礎基本の習得」が後景に退いた感があった。それは、一時的なものにすぎず、二〇〇二年の「学びのすすめ」以降、学力評価の国際的な広がりのなかで「確かな学力」が強調され、基礎基本の習得型授業が広がり、また統治される者に必要とされる愛国心、そして感謝やきまりなど「道徳」に関わる内容が教科の授業でも強調されるようになった。さらに、道徳の教科化、科目「公共」の新設が推進されようとしている。

他方で、活用型の授業や「総合的な学習の時間」はマニュアル化され、画一的な展開や、表面的に学習スキルを習得するに留まる傾向にある。「主体的な学び方の学習」が形式化すると、学んでいる内容の本質的な意味や理解に至らず、また子どもの意見が聞かれなくなる。そして、教科書やおとなたちの見方・考え方をとらえかえし、学ぶ対象や他者に対する認識を深め、それぞれにとっての意味を発見し、学ぶ対象との関係を深めていくことは困難になる。にもかかわらず、「新しい学力観」は、アクティブ・ラーニングの推奨や、教育再生実行会議の第六次提言「学び続ける社会」へと引き継がれている。

子どもの主体性を引き出すとされた「新しい学力観」は「主体的な学び方の学習」を促したが、当初から、「個体化」していく社会を問い、どのような他者との関係を築き、どのような社会をつくりたいのかを検討することは想定されておらず、学びの空洞化をもたらしたといえる。

（3） 消費社会化と創造的・創作的な経験の枯渇

授業不成立・学級崩壊につながる、子どもたちの暴力的な言動や関係におけるトラブルが頻発する背後に、消費社会化と子ども期の喪失により、モノや人との関係を紡ぐ生活経験を奪われ、自己責任的で排他的な見方が浸透していることをあげた。

消費社会化の進行が、おとなたち、そして子どもたちのモノや人との関係にどのような影響をもたらしたのか、あらためて検討しておきたい。

消費社会では、資本主義のもとで飽くなき「商品化」が追究される。そのため、以前には、人々が自分たちの間で生産していたものを商品として購入するようになり、その商品さえ、「電話から携帯へ」というように、人々の間での使用から個人使用へと変化し、社会的な絆をつくりにくくさせてきた。その結果、連帯・協同・相互扶助により担っていたことを、商品サービスとして購入するようになる。そして、かつては存在していた人間の共同は薄れ、失われていった。しかも、生活の問題を「商品」の購入により解決するという行動は、個人的な裁量の個人的行動として遂行されるため、これまで共同で解決してきた生活の問題が個人的問題であるかのように見えるようになる。次第に地域で公的に解決されてきた問題を自己責任とみなすことへの抵抗がなくなり、それゆえ、「新しい学力観」に包含されていた先の人間像、すなわち「自分自身のために自分をマネジメントする経済主体」も抵抗なく受け入れられたといえよう。

つまり、消費社会化の特徴の一つは、生活の問題を個人的な問題とみなす点にある。

二つ目に、生活から創造的・創作的な生命活動の経験が駆逐され、自発的で創造的な「つくる」あるいは「生み出す」機会がどんどん少なくなっていく点にある。

清真人氏は、この状況を「生の消費主義化」と呼んでいる。(注6) 人々が現実生活から切り離され、消費社会化を介してヴァーチャルな世界につりあげられ、生活行為をつうじた「自分と世界」あるいは「自己と全体」という関係を断ち切られ、自己喪失・世界喪失に陥るというのである。

ここでの「つくる」あるいは「生み出す」というのは、生産物を労働と芸術的創作活動をとおしてつくることに加え、人間関係・社会関係や組織あるいは〈場〉を他の人とのコミュニケーションによりつくることの両方を含んでいる。つまり、モノと相互交渉しつつ、人と相互交流しながら、世界を構成するということである。

実は、「学ぶ」ということは、現実のモノや人やコトに働きかけながら、人と交流していくときに世界が構成される、その世界づくりに関与・参加していくことである。だから、生活と授業から、創造的・創作的な世界づくりへの参加を奪われたとき、子どもは退屈し、授業から撤退するだけでなく、ある意味で創造的側面をもつ破壊行為＝学級崩壊に出たのではないだろうか。

特徴の三つ目は、消費社会では商品の購入をとおして（「個性的」に存在することはできないにもかかわらず）「個性的であれ」と迫られるが、実際には商品として購入するパーツは同じになるため、パーツを組み合わせることしかできなくなる点にある。

そもそも、人間の個性は、その人の生き様により表されるものである。「自分のたずさわりかかわっている活動と、その活動がそもそも組み込まれているある全体的な関連とのあいだに成立している有機的な関連性をつねに生きたものとして把握し、この全体理解のもとで自分の活動を遂行していく(注7)」という「全体化」において、はじめて人は個性的に、唯一無二の存在として生きることが可能になる。

消費社会化は、生活行為を通じて具体的に全体像を結び、自己と世界との関係をとらえることができる生活経験の空洞化をもたらした。そのことは、生活と科学（抽象的な知識や技術の体系）の結合のために必要である、生活から学びへという道が断たれたことを意味し、生活経験（生活認識・生活感情）に基づく「学び」の再構築をあらためて追究することが必要になったといえる。

(4)「学び」の復権へ――現実を再定義する「学び」と生活指導

では、どのような「学び」が必要であるのか。

先の発達障害のTのいるクラスでの集団づくりは、一つの「学び」の形を示している。鈴木は、Tにかかわる事件の発端とTがパニックを起こした原因を問うように子どもたちに話しかけ、問題はTのパニックではなく、それを引き起こしたS男のルール破りをS男自身が認めなかったこと、「S男が間違っている」と誰も言わずに傍観していたことにあることを学級の前で明らかにし、学級集団を相対化してみている子どもの聞き取りを行う。

Tが暴力的な表出を繰り返す際に、周りの子どももルールを破ったり、ヴァーチャルな殺人ゲームに興じてゲームからTを排除したり、と「なんでもあり」の状態にあった。しかも、Tが起こすトラブルをあくまでTの問題とし、裏側にある自分たちの問題にはフタをして自分たちは被害者であるという態度をとり続けていた。しかし、トラブルを読み解くなかで、Tを取り巻く男の子たちが、社会で起きている事件についてのスピーチやイラク戦争についての学習では平和や命の大切さを語りながら、彼らの生活文脈では人を殺すゲームに夢中になり、Tを排除していたことが明らかになり、M子は男子の矛盾を指摘する。Tは、M子の矛盾を突いた批判に、体を震わせ、身体をとおして応答したという。

M子の批判は、他者の暴力性を恐れてモノを投げるなどの暴力を繰り返してきたTにとって

「暴力をしずめる言葉」になるとともに、男子のコンテクスト（生活文脈）を揺さぶり、暴力がしみついた自らの身体を意識化させ、それを反転させていった。

Tのトラブルを読み解くことは、子どもたちの集団のコンテクストのなかに埋め込まれていた暴力、ルール破り、排除、限りなく私化することへのこだわりを意識化させる。子どもたちはその社会的文脈を検討し、自分たちで生きづらい世界を変えるために、五箇条からなる「市民の権利」（アメリカ合衆国ワシントン州オリンピア市）に出会い、学級の生活に必要であるルールや共同、平和を軸とする世界をつくり出し、現実を書き換えていった。それは、TのトラブルをTの個人的問題としない、〈市民的公共〉の世界を学級につくりだし、自ら参加していくことであった。

トラブルを読み解くなかで、浮上するものの見方・感じ方・考え方（生活認識・生活感情）を読み解き、子どもたちのコンテクストやそこに存在する価値観そのものに立ち入って読み解くことで、子どもたちは当事者として自分たちの関係・関係性を異化し、その社会的な文脈を検討し、コンテクストを書き換え、自らの生きづらい世界を変えていくことができる。学級の現実を読み解き、読み開き、現実を書き換え、新しい現実を創り出そうとする。そこに「学び」がある。

「学び」の特徴の一つは、当事者としての参加である。問題やトラブルを読み解き、自らが関わるその教室や社会に当事者として参加し、生きるにふさわしい空間に変えていく。そのことなしに、子どもたちが今を生きることはない。

もう一つは、子どもの生きる世界の全体像を結んでいくことである。教室で起こるトラブルは、子どもの生きづらさの表出であり、トラブルの読み解きはトラブルの原因追及に留まらず、自分や周りの生きづらさが社会とどうつながっているのか、意味ある世界を創り出すことがなぜ必要なのか、それはどんな世界で、他者や社会とどうつながっているのかと、世界づくりに関与・参加していけることである。

それゆえ、竹内常一は、「学び」とは、「子どもたちが問題の当事者として問題（テキスト）をその生活現実（コンテキスト）から読み解くと同時に、その生活現実（コンテキスト）のなかに閉ざされていた子どもたちの声をよみひらいていくこと、それを介して子どもたちの現実に対する願いや要求を取り出し、その生活現実を書き換え、つくりかえていくこと」であると指摘している。(注8)

ところで、鈴木は、Tに関わるトラブルを読み解くなかで、自分のなかにある教師としての内なる「国家」＝支配的な権力性に気づき、自分や指導のあり方を問うている。学ぶということは、子どもと教師が共々に、他者と出会い直し、世界をつくり直し、自分をつくり直すことであり、これまでの関係、指導、授業をも脱構築していくことなのである。

『子ども集団づくり入門』では、「子ども相互の関係」と「子どもの生活やものの見方」の両方の課題を接続することで、子どもたちが、学びをとおして関係を組み換えていくことが提起された。(注9)そして、第五十回大会基調提案では、学びは、「『現実』の再定義」であり、「自己と現実との関係を意識的かつ対話的に刷新していくいとなみである」と定義され、学びと自治は循環的に発展していくと位置づけられた(注10)。

「学び」は、教科外活動とともに、教科の授業において必要である。生活指導における「学び」と授業における「学び」を相互に関連させることで、生活指導をとおして学びを刷新し、教科の学びにより生活指導をつくり変えていくことが可能になる。

3 現実を再定義する「学び」と授業——自己・他者・世界と出会い直す

(1) 現実を再定義する「学び」の特徴

教科の授業でも、現象(テクスト)を生み出している子どもたちの生活・文化・社会の文脈(コンテクスト)を読み解き、子どもたちのこだわり続けているコンテクストを揺さぶり、書き換え、テクストを批判的に検討し、現実を再定義していくことが必要であり、また可能である。それは、教科の内容について理解を深める過程で必要となる。また、生活のなかの子どもの疑問や問題のなかに隠された子どもの声を授業に位置づけることで可能になる。両者の観点は、どちらから始まるか、というだけで、一つの授業にみられることもある。両者のために重要になる二点を以下に述べ、その後、総合学習と国語の授業実践における学びを具体的にみることにしたい。

①対話・討論により引き出し、意味づける

「現実の再定義」としての学びを進めるとき、子どもたちの生活現実がどのように現代社会や自然のしくみとつながっているかを、子どもたちと明らかにし、コンテクストについての見方をとらえかえしていくためには、「対話」が重要になる。特に、教科の授業や総合学習では、科学知／専門知と対話しながら、子どもたちが見方をとらえかえし、深め広げていく。科学知と生活世界を形づくっているテクストを発見し、それぞれの受け止め方の背後にある経験と見方の違いに着目し、見方を形づくっているものを検討し合う対話や討論が重要になる。ことばの意味は、「わたし」と「わたし」以外の他者との「対話」により相互交渉され、絶えず再構築されるが、見方が意識化され、とらえかえされるには、他者との「対話」が必要だからである。

「対話」とは、固定的にとらえられていたことばの意味を双方にとって納得できる、新たな意味をつくりだしていくものである。(注11)

なお、新参者として共同体に産み落とされる子どもは、教科の授業で習得が求められる、意味交渉の履歴・歴史が反映された「科学的概念」のような「権威的なことば」を共同体に参加するために取り込む必要がある。たとえば、「電流保存概念」は、電球で電気エネルギーを使えば、電池の性能が劣化するという、日常経験と矛盾するため、その概念を取り込まなければならない。(注12)その場合でも、子どもは、対話により、他者の文脈に属する「権威的なことば」を、自分の属す

る社会文脈のことばに再編し、「内的説得力のあることば」として取り込み、「理解」するのである。その際、自らのとらえ方と古参者あるいは専門家のとらえ方を闘争させ、他者の言葉と自分の言葉からなる新しい自分の言葉をつくりだし、現実世界に批判的に介入し参加していくことができる。これが、本質的に理解するということである。

それゆえ、教科において、対話により授業を進め、理解を深め、他者とともに自己と世界あるいは自然・社会との関係をつかむことになる。このようにとらえるのは、現実は社会的に、つまりことばにより構成されているととらえているからである。

授業のなかに、子どもの多様な声を位置づけ、多様な価値観に開かれた対話・討論をつくり、相互主体的で共同的な関係をつくりだしていく。そのために、解が一つではなかったり曖昧だったりする事柄について授業で積極的に扱い、価値選択の自由を保障しつつ子どもと事実を確かめて判断し、そこにある見方や考え方を検討し合うことが求められる。

②「支配的な見方」を批判的に検討する

対話・討論により、教科書やおとなたちのものの見方や考え方を検討し、とらえかえしていくときに、権力関係がどのように反映されているのかをみる必要がある。「語られていないこと」に着目したり、取り込まれている「支配的な見方」を批判的に検討したりして、少数派の側からみた見方が消去されていないかと検討する。生活現実や教材・教科内容に組み込まれている「支配的な見方」を問い、少数派の側から意味や関係をとらえかえすことで、問題を構成している社会的な関係を読み解くことができる。

その際、教師がそのための教材を用意する方向と、子どもとの対話から学びとして立ち上げていく方向がある。両者は重点のかかり方が異なるだけであり、いずれの場合も子どもが当事者として現実を意識化できること、そして生活現実を変更可能なものとして対象化できることが重要である。そのためには、「子どもの側」から問題を立てること、そして個別具体的な事実や経験とそれについての見方や考え方を照らし合わせて検討していくことが必要になる。

そのために、教師は教科内容研究において、科学知・専門知の立場の多様性をも考慮し、生活現実や教材・教科内容のなかに埋め込まれている問題の政治性や対立点を明らかにするように調べ、子どもの位置からそのことを追究できる具体的な教材を探す必要がある。

(2)「つくる」ことから始める総合学習――生活世界を取り戻す

中野譲実践は、アスペルガーやＡＤＨＤ傾向の子がいる学級で、子どもたちの感情の起伏が激しく自己中心的であったり、ルールを守れなかったり、話をしっかり聞けなかったりするなかで、放課後に子どもたちと対話を繰り返し、子どもたちの授業への要求をとらえ、子どもたちが作物を栽培し、創造的で創作的な世界をつくることを試みている。(注13)

「総合の時間を使って野菜をつくってみないか」という中野の呼びかけにより、「好きなものをつくる」ことにし、土地を耕すための「長いツルの引き合い遊び」と「ブロック掘り起こし競争」「土のかきまぜ遊び」「とかげやへびの手づかみ」など、土や生物の手触りの感触や温度を感じながらのゆったりとした活動は、子どもの自主的活動をつくり出していった。子どもたちは、水やりや観察、アブラムシ発生の対策のための調査活動、対策を交流する対話を始め、自分とモノや人との関係を変えていった。さらに、両親の離婚、離れて暮らす父の死、兄の変化、友達との不仲など、何もかもうまくいかないと感じて自虐的になっていたあゆりが、先生の協力でキュウリの苗を再生させ、自分を再生させていったように、子どもたちは自分との関係を書き換えていった。

中野の実践の特徴は、第一に、勤労体験学習といった、画一的で目的的な活動とは一線を画している点にある。それゆえ、第二に、子どもが自らの手でモノをつくり、コミュニケーションをつくり、創作的で創造的な世界を取り戻し、世界への参加をつくりだしている。第三に、効率的・暴力的な関係ではなく、平和的な関係を選択している点にある。

中野は、柔軟に自主的な活動を引き出す一方で、アクシデントにたいしては粘り強く話し合わせ、子どもは効率的ではないが、平和的な解決策を選んでいる。たとえば、中学生にトマトが根こそぎ引き抜かれる事件の話し合いでは、中学校に抗議するのではなく、「抜かれても植え続ける」を結論とし、トマトの苗は二回抜かれ、三回植えて事なきを得ている。

モノに向かう活動と、人をつなぐ指導において、子どもの自前のやり方を認めつつ、新しいやり方や見方を発見することをとおして、子どもは、自己と他者（モノと人）の関係つくりに参加し、新たな生活世界を立ち上げることができる。

化学肥料ではなく、牛糞と油かすを使い、アブラムシの発生に農薬を使わずに銀紙による反射の方法で対処したことの意味を、グローバル化していく農業の実態と照らし合わせて意識し、植物を育てる以前の自分の生活文脈と栽培の価格競争が関係づけられ、問われるのはこの後になるであろう。

(3) 地域を学ぶ——消費社会における消費・生産の現実を問う二人の自分との対話

子どもが地域の現実を意識し、とらえかえしていくことも必要である。子どもの生活課題は、社会関係のなかにあり、子どもは、地域の現実への参加を介して、世界に構成的に関与・参加していけるからである。

菊池恵理実践(注14)は、子どもたちが地域に関わり、グローバル化時代の消費と生産の仕組みと課題に迫り、経済と効率を優先させる市場原理を前提にしている自分や地域をとらえかえすことを試みる。この実践は、一四〇年間、岩手県の小さな集落の中心であった小学校が廃校になる年度（二〇一二年）に一年をかけて行われた。三年生二人と四年生五人の複式学級の子どもたちは、田か畑はあっても働いたり手伝ったりすることはほとんどない。そのなかにあって田畑の仕事をしているレンと出会い直し、その祖父八郎さんとの出会いをとおして、地域に出会う。

①地域の現実を意識化する

子どもたちは、日記からレンの日常（農作業）を垣間見、仕事ぶりに興味をもつ。見学や体験をとおして、レンと八郎さんのすごさを知っていく。

一方、菊池は地域おこしのために栽培されている「菜種油」に着目し、生産・製造・販売までのサイクルや農業の現実を批判的に検討する、地域を舞台にした学びを構想する。

この学校では、行事で「田植え体験」をしているが、加えて「まちたんけん」から始まる「総合的な学習の時間」で、「菜種」栽培（裏作）と、レンと八郎さんがやっている「ネギ」栽培（表作）を見学・体験し、調査し、地域の農業について具体的に理解していくことになる。体験を綴った作文から脚本をつくり、学習発表会で劇を発表することになり、ネギの種まきから収穫までの一連の作業に加えて、菜種油の成分、市販の油の問題点を調べ、合成化学添加物、遺伝子組み換え、大量の農薬散布、ポストハーベストなどの問題を発見し作文に書いた。

学習をしていくなかで、ヨウコは「人間が人間を壊しているようだ…」とつぶやく。このつぶやきをキーワードに学習していった子どもたちは、サラダ油やキャノーラ油の原料である菜種の自給率は低く、ほとんどがカナダなどの外国産で、そのほとんどが農薬に強い遺伝子組み換え品種であることを知っていく。そして、八郎さんの六アールの畑とは正反対の、手間をかける代わりに大量の農薬を使って育てる外国の大規模農家の姿をとらえ、商業的農業や多国籍企業に対する疑問や怒りの芽をもつようになる。

子どもたちがこれらの事実を八郎さんのネギ畑と結びつけ、地域の現実をとらえるために、菊池は、三学期に二つのことを行う。一つは、再度ネギや菜種、菜種油について調べ直し、搾油工房の人の話を聞いた上で、以前書いた作文を読み合い、感想を話し合う機会をつくる。「悪いものを食べなくてすむには輸入を禁止すればよいのではないか」という考えが出されるが、食糧自給率三九％の日本の現状を前に、子どもたちはどうしていったらよいかを悩む。二つ目は、菜種油とキャノーラ油を比較し、どちらの商品を選択するかを検討する、さらに国産ネギと輸入ネギの価格の変化と関税について考える授業である。日本の農業と輸入をどうしていったらよいのか、悩み始めた子どもたちは、地域の、八郎さんの現実から考え始めることになった。

②自己との対話――「書くこと」と交流をとおして

昔ながらの製法の菜種油の安全性と市販の油の危険性を知った子どもたちであったが、「安さ」「量」「長持ち」を理由に、市販の油の方を買うと考える。「命か、お金か」と聞かれたらすぐに「命」と答えるのに、油だと体に悪くても安い方、つまり「お金」を優先する自分の消費の考え方に気づいて驚くのである。

リョウスケは、「勉強している時は、ぜったいに菜種油を買う、キャノーラ油やサラダ油なんてぼくにはぜったい関係ないと、そう思っていました。しかし、えり先生に聞かれた時は、キャノーラ油を買うと言いました。（中略）自分でもびっくりしました。おかしくなったような感じになりました（後略）」と作文に書いている。

子どもたちは安い方を買わざるを得ない現実や、多くの人は危険性を知らずにいることに気づき、「買う人が増えれば、もう少し手の届く値段になるかもしれない」「買ってくれる人を増やしたい」と、チラシを作り、産直の販売コーナーに置かせてもらうことにする。

また、輸入ネギと国産ネギに価格差があり、国産ネギの価格が輸入ネギの価格に合わせてズルズルと価格を下げている現実を知り、手間をかけて育てている「生産者の立場」を想像する。子どもたちは、将来、八郎さんのように農業で生活することを夢見てきたレンがこの現実を知って書いた「ぼくが二〇さいになっても（価格が）さがるんだったらじぶんちでやりたいです（仕事としてではなく自分の家で食べる分だけ栽培する）」という一文を重く受け止めた。リョウスケはレンに応答するように、TPPに参加すると、遺伝子組み換えが表記されなくなったり、国産ネギが輸入ネギにつぶされ農業をやる人がいなくなったりするので反対であると書いて、自分の意見を表明した。

菊池実践は、キャノーラ油と菜種油あるいは輸入ネギと国産ネギのどちらを購入するか、という商品の個人選択のための授業ではない。八郎さんとの出会い、レンとの出会い直しをとおして、書くことにより、消費社会を生きる自分のなかの二つの見方に気づき、農業の意味と困難を把握し、自分とモノ・人・社会との関係を粘り強く問い続けた授業である。

農作業の取材や体験をしては書き、調査しては書き、自分のものの見方を現実の文脈に落とし込み、交流して再考してはまた書き、子どもたちは自分の考えを練り上げていった。これは、授業のスタンダードに従った形式化された「学び方の学習」ではない。また、近年、推奨されている地域への活動的参画を促す「シティズンシップ教育」のなかにみられる当該社会への適応に留まる実践でもない。(注15)

廃校に追い込まれた小学校の現実とこの学びがつながるのは、後であろう。しかし、子どもたちは、ネギと菜種の具体的事実から地域の現実を読み解くことをとおしてＴＰＰへの参加に意義を申し立て、現実に批判的に介入し、地域の社会制作に関与し、「参加」を実現する手掛かりを掴んだのではないだろうか。

生活現実を問う学びは、総合学習などでとりたてて行う必要があるが、既存の教科単元のなかでも可能であり、積極的に試みていく必要がある。(注16)

（4）子どもの〈読み〉と〈語り〉を交響する教科の「学び」

「子ども相互の関係」と「子どもの生活やものの見方」を同時に課題化し、現実を再定義する教科の授業は、どのように展開できるのか。鈴木和夫の国語の授業で具体的にみてみよう。

授業「平和のとりでを築く」は、テクスト（大牟田稔『平和のとりでを築く』光村図書・六年下教科書、平成一八年度版）を批評し合う「読み」の授業として実践されたものであるが、子ども

たちの「暴力の連鎖」という現実を再定義することをも目標としていた。(注17)

説明文「平和のとりでを築く」の表題は、ユネスコ憲章前文「戦争は、人の心の中に生まれるものであるから、人の心の中に平和のとりでを築かなければならない」から引用されている。大牟田は、この小論で、「平和のとりでを築く」のは世界で唯一の被爆国家の市民としての道徳的・倫理的な責務であり、原爆ドームを「未来の世界で核兵器を二度と使ってはいけない、いや、核兵器はむしろ不必要だと、世界の人々に警告する記念碑」とし、それを見る人の心に「平和のとりでを築く」ための「世界遺産」だと述べている。

子どもたちは、教材について疑問や課題を出し、以下を行うことにした。❶「原爆ドームを保存することの意味」を読み開く、❷「原爆ドームが世界遺産として世界の人々に認められるか、についての作者の不安」を読み解く、❸「原爆ドームは『記念碑』としての意味を持つのか？」を話し合う、❹「この学習の主題は何か」について討論する、である。

①ものの見方・考え方をとらえかえす

鈴木は、子どもが、自らの経験や見方とつなげてテクストを読み、経験や見方をとらえかえすように語ることを引き出している。

例えば、子どもたちは、被爆の状況を想像し、「原爆ドームを保存する意味」に「投下したアメリカに対しての憎しみが含まれていたのか」を話し合う。そのなかで、「憎むのは間違っている、保存の意味と合わない」「憎む・憎まれるという関係が暴力の連鎖をうむ」という見方に出会い、「過去の暴力への報復は必要悪」という見方に囚われていた自分に気づいていったのではないだろうか。子どもたちは、「戦争そのもの、核兵器そのものを憎む」「投下した国を（憎むのではなく）許してはいけない」「戦争はどうして起きたのか、原爆はどうして落とされたのかをしっかり考える」ことが必要であると語り直し、「暴力の連鎖を断ち、平和的に解決する」ことの意味を再構築していった。

②教材（テクスト）を批判的に読む

また、❸「原爆ドームは『記念碑』としての意味を持つのか？」では、「原爆ドームは、それをみる人の心に平和のとりでを築くための世界の遺産なのだ」という記述について、「遺産」とする作者の見解に賛成しつつも、子どもたちは「平和はつくる・守るもの」という観点から、作者の主張の「甘さ」を指摘していく。そして、作者が主張する、平和を記憶することに加えて、「今、暴力とか戦争とかを止めさせて平和をつくるということが重ならないといけない」と考え、「私が考える『平和』」について話し合う。子どもたちは、テクストから生活現実（コンテクスト）を読み開き、生活現実からテクストを批判的に検討し、作者の見解を越えて、現代に生きる自分たちの見解をつくりだしている。

③「子ども相互の関係」と「ものの見方」をとらえかえす当事者性

話し合いのなかで、子どもたちは自分たちの暴力的な関係を問い、「暴力の連鎖」の象徴であった浜田と阿部はやりあうことをやめたという。子どもたちは、学びが関係を変えることを実感し、「平和をつくる」ために、文化に触れ、平和について学ぶ権利を要求している。そして、教師の「(平和をつくる)主語は誰か」という問いかけに、「私、僕」そして「僕たちということもあるんじゃない」と応答している。それは、授業が自分たちの見方をとらえかえす場であり、新たな見方をつくり出す「われわれの語り」の場であったことの証左であろう。

一つのテクストを自らの経験や見方とつなげて読み、作者を含む他者の受け止め方と照らし合わせ、相互批判的に検討することで、自分の受け止め方の背後にある見方やその土台にある経験をとらえかえすことが可能になる。そのなかで、子どもは、自分、他者、世界と出会うことができる。そこに、授業のもう一つの目標であった「暴力の連鎖」という自分たちの現実を書き換え、現実を再定義する回路が開かれる。

なお、こうした子どもの読みは、主観的読みではない。自分の経験に根ざしたものであり、他者とのそれと比較し、とらえかえす通路がつくられているからである。教科の授業では、客観的であることが求められるが、それは対話により可能になる。

この授業は、近年の「読み書き」を「基礎」と位置づけ、文章の表層を形式的に読み取るだけの国語の授業や、原爆の悲惨さを心情的に読みとるだけの授業とも、「平和」というテーマを今日の政治的な文脈から切り離し、心の問題としてしまいがちな「学校のなかの平和学習」とも、調査の結果を発表し合うだけの総合学習とも違っている。子どもが、テクストに批判的に介入することをとおして、当事者として生活現実と社会に参加し、現実を再定義していく学びのあり方を示している。

④参加のための、授業のスタイルをつくる

鈴木の国語の授業には、当事者として子どもが学びに参加できる仕組みがある。

まず、この作品で、取り組む課題を子どもたちが話し合って決める。

授業は、テクストについての子どもの疑問とそれへの応答という形で進められる。子どもが疑問を出し、それらが一つずつ検討されていく。疑問に対して、子どもたちが自分の見方を出し、疑問を出した子どもがそれを聞き取り、どう考えたかを述べる。そのなかで、子どもたちは学習課題を共同決定したり、内容を深めたり、批判的に検討したりする。必要なときに（学習課題を共同決定するとき、対立点についての討論が必要なとき、個人では考えることが難しいときなど）、子ども・教師から班討論が要求され、少人数での対話が保障される。授業過程で、こうしたスタイルの意味が語られ、要求されていく。

それゆえ、授業は、子どもが授業に参加する権利、そして教師とともに世界をつくり、学びを介して社会制作に参加する権利にひらかれたものになる。

4　おわりに──権利としての「参加」に開かれた「学び」をつくる

三つの授業実践は、生活と授業が空洞化しているなかで、子どもたちが、人類の知的遺産を批判的に継承しつつ、現実を再定義する学びにより、世界づくりに参加していくことを求めていることを示している。

創作的なものつくりをとおして世界つくりに参加する、地域の生活現実を交流しつつ書くことで当事者として地域の現実に批判的に介入する、教材から「暴力の連鎖」と生活現実との関わりを読み解き自分たちの現実を再定義する、などの学びをとおして、自分たちの関係・関係性を異化し、生活現実を変え、自分たちにとっての価値を検討する空間をつくりだしている。

これらの実践は、授業で「学ぶ」ということが、「制度知」をため込むことでも、多元的能力主義競争に自ら参入し、「自分をマネジメントする経済主体」になるために「主体的に学び方を学習」に埋没することでもなく、人類の知的遺産である知識や技術の自分にとっての意味や関係を問うことにあること、さらには、当事者として、生活現実に批判的に介入する、参加の権利に開かれたものである必要を示している。

学びを介した文化的実践あるいは社会制作への参加により、子どもたちは他者と出会い、世界と出会い、自分自身と出会い直すことができる。未来の創造は、子どもたちのこうした学びの持続のなかで可能になる。

【注】

（1）「知識基盤社会（knowledge-based society）」とは、中央教育審議会答申「我が国の高等教育の将来像」（二〇〇五年）において示された言葉であり、「新しい知識・情報・技術が政治・経済・文化をはじめ社会のあらゆる領域での活動の基盤として飛躍的に重要性を増す社会」であると定義され、二一世紀はいわゆる「知識基盤社会」時代であるとされた。製造業を中心とした大量生産方式の企業経営による経済ではなく、「知識経済」は人々の創造性や独創性により刺激され活性化すると考えられており、経済資源として資本や労働者ではなく、知識が重視され、知識労働こそが経済に必要であるとみなされる。他方で、知識経済は格差と社会不安を増大させる危険性や、人々に利潤や私欲を追究させるため社会的公正さや民主主義を歪め破壊していく危険性もはらんでいる。そのため、知識社会では、創造性と独創性とともに、自分の周りの他者とともに生きるという市民あるいは地球市民としての自覚を培う教育が求められる。しかし、実際には、創造性や独創性、地球市民の自覚を育むことが難しい教育の標準化が進んでいる。（アンディ・ハーグリーブス、木村優・篠原岳司・秋田喜代美監訳『知識社会の学校と教師――不安定な時代における教育』金子書房、二〇一五年、原書二〇〇三年）

（2）同右書、一二二頁

（3）鈴木和夫『子どもとつくる対話の教育——生活指導と授業』（山吹書店、二〇〇五年）一〇—六六頁。本稿におけるこの実践についての執筆部分は、これによる。

（4）竹内常一『いまなぜ教育基本法か』（桜井書店、二〇〇六年）。「新しい学力観」の背景に関する分析は、これを参考とした。なお、一九九〇年代に登場した「新学力観」は、いわば教育の「学習化」（learnification）ともいえる事態を引き起こしてきたが、それは汎用性の高い主要能力としての「コンピテンシー（流動化する社会において、ある複雑な状況にうまく対応する包括的な力）」の推奨という形で継続されている。また、近年、「個別化」よりは、チーム力に注目する産業界や国の意向を受け、あるいはそれとは別に「協同」や「共同」をキーワードとした構想がいくつかの地域で広がりを見せている。

（5）実際に、派遣労働などの非正規の従業員を増加させる雇用・人事管理の弾力化や、年功制・終身雇用から職能・業績に基づく人事システムへの転換が進められた。従業員のなかに競争主義を徹底させ、下から企業経営に参加するように従業員を動員しつつ、複線型の能力開発体系のなかで、新しい能力——ヒューマン・スキル（統率力・指導育成力・折衝力）やコンセプチュアル・スキル（企画力・判断力・実行力）、独創性・創造性、問題発見・解決能力、国際性等、豊かな感性と構想力など——をもつ視野の広い人材を育成することが目指された。それらは、製造業を中心にした大量生産方式のフォーディズムからポスト・フォーディズムへと転換し、リエンジニアリングやリストラクション（再構築）などをつうじて「弾力的な（フレキシブルな）資本主義」を構築していく資本主義の「再資本主義化」を進めるために必要とされた能力であった（同右書、六三—六五頁）。

（6）清眞人『創造の生へ——小さいけれど別な空間をつくる』（はるか書房、二〇〇七年）

（7）同右書、八一頁
（8）竹内常一「生活指導における〈学び〉の系譜――集団づくりのなかの〈学び〉を意識化しよう」『生活指導』二〇〇八年八月号、四〇―四七頁。このような学びのとらえ方は、竹内によると、戦後、宮坂哲文が示した、生活指導を一人ひとりの子どもの「自己の学習」の指導であり、それは子どもの「個人的主観的事態」を教材として展開される学習であるとするとらえ方と共通しており、仲間づくりの生活指導のなかにあったものである。
（9）全生研常任委員会『子ども集団づくり入門』（明治図書、二〇〇五年）
（10）第五十回全国大会基調提案「自治と学びが学校を変える――現代的貧困と生活指導、子ども集団づくりの展望」（文責　照本祥敬）
（11）ミハイル・バフチン、新谷敬三郎他訳『ことば・対話・テキスト』（新時代社、一九九一年、原書一九七五年）並びにミハイル・バフチン、伊藤一郎訳『小説の言葉』（平凡社、一九九六年、原書一九七五年）など。
（12）田島充士『「分かったつもり」のしくみを探る――バフチンおよびヴィゴツキー理論の観点から』（ナカニシヤ出版、二〇一〇年）
（13）中野譲「子どもたちとともに、あたりまえの生活を創造する」『生活指導』二〇一五年八・九月号、六―一五頁
（14）菊池恵理「『人が人のことをこわしているね』――ネギづくりと菜種油づくりから学んだこと（上）」『歴史地理教育研究協議会『歴史地理教育』二〇一四年一月号、五六―六三頁、「同――ネギづくりと菜種油づくりから学んだこと（下）」『歴史地理教育』二〇一四年二月号、七〇―七八頁

(15) ガート・ビースタ、上野正道・藤井佳世・中村清二訳『民主主義を学習する――教育・生涯学習・シティズンシップ』(勁草書房、二〇一四年、原書二〇一〇年)

(16) たとえば、島田晶子は、原発を維持すべきかどうかが問われるなかで、人間にとって燃料やエネルギーとはなにかを体験する取り組みを小学三年生のカリキュラムに即して行っている(山田綾「生活の成り立ちを意識化する学び――小学校中学年から始めるエネルギー学習」『生活指導』二〇一三年一二・一月号、六四―七一頁)。総合学習や各教科の教材を見直すと、中学年の理科や社会、総合的な学習の時間では子どもの活動的学びが重視されており、現代の生活と社会をエネルギーの視点で問うことが可能な単元が並んでおり、中学年の発達課題に即した形で生活の成り立ちとの関係をつかめる取り組みを入れていく必要がある。そうすることで、科学・技術とその利用について中学年であっても体験と対話を入れ、現在のシステム(大量生産・消費・廃棄とエネルギー格差問題)を問うことが可能である。

(17) 鈴木和夫「平和のとりでを築く――和解へ誘う『読み』の授業」『生活指導』二〇〇九年一〇月号、一八―二七頁

V

子どもの人権と学級集団づくりの展開

――一九九〇年代の基調提案が投げかけるもの

小渕　朝男

1　鈴木和夫実践が問いかけるもの

（1）自然状態化した学級

ここに一冊の実践記録がある。『子どもとつくる対話の教育』（鈴木和夫、二〇〇五年）である。その冒頭に収められている実践記録「Tという子と子ども集団づくり」には、今日の学校における子どもの人間関係を象徴的に示している場面がある。その場面を著者の鈴木和夫は次のように語っている。（注1）

二人（TとS男）が身動きできないままののしりあうので、「うるさい!」と一喝すると静かになった。

「どういうわけでこうなったのか、説明しなさい」と二人に言うと、「『死ね』と言った」「おまえが先に『死ね』と言ったからだ」、この堂々めぐり。学級の子どもたちにも尋ねながら、フィードバックするように事情を聞き出していった。

最初のきっかけは、S男が教室でボールを壁に当てていたので、Tが注意したことだった。

S男はTの注意にたいして、「パニクるおまえなんかに言われたくないよ、バーカ、死ね！」と応答したのだ。さらに、そばにいたY男が「T、おまえ、パニクんなよ！　すぐものを投げるからいやだぜ！」といった言葉にカチンときたTが暴れだしたのだった。

そこまで聞き出したとき、多くの男子が「こいつは、すぐパニクる。それで、オレたちは迷惑している」「口で言い返せばいいのに、すぐ暴力をふるう」「そういうことに去年、何回つき合ったと思うんだ！」「いつも暴力ふるうからいやだよ！」と口々に言い出した。

この場面は、鈴木和夫が飛び込みで担任することになった小六のクラスで、TがS男を相手にしてパニックを起こした時のことである。ここには、学級内の異端的存在を排除する子どもの姿が現れている。低学年のころからずっと、パニックになると暴力的行動を繰り返してきたTにたいして、クラスの男子が寄ってたかって、Tの性格らしきものを非難している。Tと自分との違い（差異）を殊更に大きく見せることでTを見下し、場合によっては自分の周囲からあるいは学級からTを排除したい心情が語られている。他方、Tは自分を見下すような言動を繰り返すクラスメイトに苛々感を募らせており、その結果、パニックを頻繁に起こしては同級生との壁を厚くしてしまっている。

学級内の不穏な様相はTの周辺のみでない。児童会役員をしていて、学級に対して分析的な眼差しを向けることができるM子は、「このクラスはね、まとまりもなくて、仕事は人に押しつけて平気だし、仲良さそうに見えても、わがままで自分勝手よ。先生も少しつき合ってみるとわかるから。女子は言いたいこと言わないできているしね」とか、「Tはすぐキレて暴れるけど、暴れるだけマシ。もっとぐちゃぐちゃしている子だっているから。わけわかんないよ、このクラスは…」と述べている。(注2)

これが二〇〇三年のある小学校六年の学級の様子である。既に五年間同じ小学校で生活してきたはずなのに、子どもの人間関係は不安定でバラバラであるばかりか、互いへの不信感や敵対心すら深く堆積しているように感じられる。

同書に収められているもう一つの実践記録「私たちは平和的に生きられるのですか?」は、一九九七年から九八年にかけての小学校五・六年の実践報告である。先の実践報告より五年前の小学生たちであるが、学級の状況は非常に類似している。こちらの学級については次のように述べられている。(注3)

この学級の子どもたちは、一年のときから手がかかり、一年と四年のときには学級崩壊を体験していた。キレる子が複数いて、トラブルは毎日のようにあり、「死ね!」「消えろ!」という言葉が飛び交い、殴る蹴るのケンカが絶えなかった。そういう子どもたちにとっては暴力的な世界が当たり前で、しかも、そのたびに教師の権力的な管理にさらされ、家庭でも叱責されることが毎日だった。

「権力的・暴力的なもの」が日常化した世界が、子どもたちの学校生活の主要な歴史だと言ってよい状態だったのである。

一人の教師がたまたま荒れたクラスを頻繁に担当することになったということではないだろう。これが今日の学校の普通の姿である。穏やかとはとても言えない状態である。高学年になっても、互いに無関心であるばかりか、トラブルを平和的に処理できずに互いに孤立したままの人間関係が続いている。まるで、人権と社会契約思想の最初に位置するホッブスが想定した自然状態〈「万人の万人に対する闘争」状態〉である。

しかも、鈴木の指摘にあるように、教師は、そうした自然状態的な学級に秩序をもたらすために、ややもすると、ホッブスの『リヴァイアサン』さながら、「権力的な管理」に頼る傾向がある。それは個々の教師の教育観の為せるものというよりは、教師に性急に学級づくりの結果を求める教育行政の在り方やわが子を守りたいがゆえに担任教師に学級内の「不穏児童」への強圧的な「指導」を求める父母の声が背後にあって生じている問題でもある。

(2) 子どもに「市民の権利」を認めること

いずれにせよ、今日の学級づくりはこのホッブス的な自然状態から始めるしかないのである。ここから、平和的に共生できる学級をどう創っていくのか。子どもたちに何をこそ教えていくのか。それが今日の学級づくりに問われているのである。
鈴木和夫が、まるで戦争状態でもあるかのような学級をどう平和な学級に変えていったかについては、かれの著書を直接読んでいただきたいが、どちらの報告でも、鈴木は子ども一人ひとりが学校にあって「市民としての権利」を享受できるようになるべきだと考えて実践を進めている。(注4)鈴木が学級集団づくりの手掛かりとし、実践記録のなかで紹介もしている「市民としての権利」とは、次の五つの権利である。

市民としての権利

(1)教室の中で、私はしあわせで、暖かく扱ってもらう権利をもっています。このことは、誰も私を笑ったり、私の気持を傷つけてはいけないことを意味しています。
(2)教室の中で、私は私自身であり続ける権利をもっています。このことは、私が黒人、あるいは白人、太っているやせている、背が高い低い、男の子女の子だという理由で不当に扱われないことを意味しています。
(3)教室の中で、私は安全に暮らす権利をもっています。このことは、誰も私をぶったり、押したり、傷つけたりしてはいけないことを意味しています。
(4)教室の中で、私は人の話を聞き、そして、聞いてもらう権利をもっています。このことは、誰も金切り声をあげたり、騒音を出したり、わめいたりしないことを意味しています。

(5)教室の中で、私は、自分について学ぶ権利をもっています。このことは、私が誰にも妨げられることなく、そして、罰せられることなく、自分の気持や意見を自由に話せることを意味しています。

（アメリカ、ワシントン州オリンピア市「市民としての権利」より）

この「市民としての権利」は、子どもが「教室の中で」当たり前に保障される権利を子どもに示したものという性格をもっている。各項目の前半は「教室の中で、私は……（する）権利をもっています（I have a right）」であり、後半は前半の文を受けて「このことは、……（ということ）を意味しています」となっている。こうした構成には実は、権利についての重要な考え方が反映されている。すなわち、権利というものは、法律や制度によって与えられるものである前に、当事者である「私（I）」が要求することで、はじめて社会的・政治的に存在し始めるという権利観である。当事者の訴えこそが権利生成の源泉であり、[注5]権利が権利であり続けるためには、この当事者性（＝主体性）という泉を枯らさないことが最も肝要であるということになる。当事者性を認めない世界に権利はそもそも存立しないのである。

同時に、当事者の要求や訴えを権利（right：当たり前のこと）として受容し尊重する倫理的な義務が周囲の関係者には求められる。当事者から請求された権利希求にたいする、周囲の関係者による承認なくして権利は存立できない。この「市民としての権利」は、権利というものが当事者による権利請求によって発議され、周囲の関係者による承認によって社会的に存立してくることを示している。承認したものを遵守する義務が関係者には求められることになる。

このような「市民としての権利」を学校・学級のなかで子どもの当然の権利として考えていくと、次に述べるような事態になってくる。実践記録「私たちは平和的に生きられるのですか？」で鈴木和夫が述べていることを紹介しよう。(注6)

子ども一人ひとりが権利をもっていることとあわせて、その権利が周りにいる人とのかかわりで行使される以上、自分も相手のもつ権利を尊重し、かかわっていくことを子どもたちに求めたいと思ったからである。

だから、ノブには自分がいやだと思うことをわめき散らすことを保障することを、ユータにはいろいろなカードを持ち込んで遊ぶことを、ヒデには自分がいじけたいときにはいじけていいことを、シュンには毎朝、保健室に行って疲れを癒すことを、トモには遊びたいときはいつでも遊んでよいことを、それぞれ保障した。ただし、それはつねに周りの子どもたちのそうしたいという同等の権利を侵害しないことを前提にしていた。

ユータが遊びたいときは、いつでも周囲の迷惑にならないように一人で教室を出ていくこと、シュンが保健室に行くときは、保健室にいる子どもや保健室の先生に迷惑をかけないこと、ノブが怒鳴り散らしたいときは、授業中にやらないこと……などを条件にして保障し、それを守

ることを子どもたちにも要求した。（傍点は引用者）

鈴木がここでノブやユータ、ヒデらに認めた権利（自由）は、一言でいえば、他人の権利を侵害しない（他人の迷惑にならない）かぎり自由に行動してかまわないというものである。このような「市民としての権利」は日本の学校では通常認められることがほとんどないものである。

しかし、逆に鈴木に言わせるならば、子どもにそうした「市民としての権利」を認めないということは、子どもにたいする人権侵害ということになる。鈴木和夫が意識している「市民としての権利」及びその限界線は、J・S・ミルが『自由論』（一八五九年）で鮮明に打ち出した「侵害原理」と同じものといえる。ミルは次のように述べている。[注7]

人類がその成員のいずれか一人の行動の自由に、個人的にせよ集団的にせよ、干渉することが、むしろ正当な根拠をもつとされる唯一の目的は、自己防衛（self-protection）であるというにある。また、文明社会のどの成員に対してにせよ、彼の意志に反して権力を行使しても正当とされるための唯一の目的は、他の成員に及ぶ害の防止にあるというにある。

社会において、他者への強制的・権力的な干渉が許されるのは、当該人物の行為によって、自己または誰かの権利が侵害される場合のみであるというのが、ミルの「侵害原理」である。この原理については、既に膨大な研究や考察がされており、種々の難点も指摘されているが、他者に対する強制的・権力的な干渉の是非について、これに代わり得る他の原理は今のところ存在しない。ミルの「侵害原理」は、ミルという思想家のことを何も知らない子どもからも、「誰にも迷惑かけてないよ！」と自己の行為の正当性を主張する論理が出てくることからも、きわめて普遍性の高いものである。

もちろん、鈴木和夫は「市民としての権利」を子どもに認めることのみで平和な学級を生み出していったのでない。暴力や平和の問題を子どもの生き方とつなげながら学ぶことを重視している。生きることの悩みや苦悩とつながる学びを子どもとともに作り出すことにも努めている。また、子どもの成長にとって意味ある学級活動を子どもらに体験させることにも力を入れている。

しかし、そうした、子どもにとって意義ある授業や子どもの成長につながる活動であっても、その授業や活動へと子どもを導くプロセス（指導過程）自体が、子どもにとって強制と感じられるものであるならば、子どもの権利を侵害している可能性があることになる。そうした強制から子どもは何を学ぶだろうか。教育や指導のためであるからといって、子どもが本来享受できるはずの「市民としての権利」が子どもから奪われてよいはずはない。鈴木和夫の生活指導実践は、そういう問いを私たちに投げかけてくるものとなっている。

2　一九九〇年代の学級集団づくりの課題

ところで、鈴木和夫は全国生活指導研究協議会（全生研）の代表的な実践家の一人である。当然、先に見た、鈴木和夫の実践を貫いている権利の思想や学びの理論は、全生研においても重要な実践課題となっていたものである。というよりも、先の本に収録されている実践記録は、鈴木が全生研における理論的な探究に関わるなかで生み出されてきたとみることができる。

そこで、以下では、子どもの権利論や学びの問題が全生研において重視されていった一九九〇年代の議論を、主に『新版　学級集団づくり入門』と全生研大会基調提案に沿って概観することとしたい。

(1)　少年期子ども集団の消滅

全国生活指導研究協議会が創設されたのは一九五九年のことである。前年の学習指導要領改訂によって導入された「道徳の時間」及びその時間における徳目中心の道徳教育の在り方を批判し、生活指導による民主的な道徳教育の在り方を探究し創造することが創設の目的であった。発足当初は生活綴方を手がかりに仲間づくりを軸にした学級集団づくりを模索していたが、次第に、民主的な自治集団としての学級の形成・発展を追求するようになっていく。

その後、一九七〇年代に入ると、学級の内外における私的な友だち関係の形成にも配慮するようになり、八〇年代に入ると、とりわけ、小学校では、班や学級内クラブを使って子どもの居場所づくりや仲間づくりを追求するものへと推移していった。(注8) そうした変化は、以前であれば学校外の地域において「自然に」形成されていた子ども集団(子ども社会)が衰退し消滅してきたことを背景にしている。家族外の他者とも社会的な共生関係を築くことができる「市民」となることは、人が成長していく上で極めて重要な課題であるが、以前であれば、そうした成長は主に地域における遊び仲間との関わりをとおして達成されていたが、それが期待できない状況が生じてきたのである。

鈴木和夫がたいへんなクラスと格闘していた頃の一九九九年の全生研第四十一回全国大会の基調提案では、子ども社会はバラバラに分裂し、「自然状態」化ないしは「戦争状態」化していると指摘されている。そして、それは、子どもたちにおける「自己」と「他者」の平和的な関係性が全面的に解体され、「暴力的なもの」が生活全体を支配している状態であると分析されている。(注9)

一九九〇年に刊行された『新版学級集団づくり入門(小学校編)』は、地域における子どもの遊び集団の消滅を指摘し、結果として現代の日本社会が子どもの自立をうながす少年期を子どもから剥奪していると論じていたが、(注10) それから十年、少年期の子ども集団(社会)が単に消滅して、子どもたちがバラバラになったでは済まない事態を迎えるに至っているのである。「自己」

と「世界」の関係性が「暴力的なもの」に支配されるということは、いわば、人格それ自体が暴力的にしか存立できないということであり、他者との間に平和な共生関係を作り出すことが極めて困難な時代を迎えていることを意味している。

(2) 新版中学校編が主張するもの

一九九一年の『新版学級集団づくり入門（中学校編）』（以下『中学校編』）は、七〇年代以降出現した教育問題（「落ちこぼれ」問題、校内暴力、いじめ・迫害問題、不登校・登校拒否児童の急増等）について考察し、そうした問題現象の激発は、上からの管理主義・能力主義の教育政策の推進と下からの能力主義的な「教育」要求の突き上げに挟まれて、中学校現場が七〇年代以降、急激に競争的で権威的な秩序空間に変質していったためであるととらえている。そして、中学校教育の課題を次の四点にまとめている。(注11)

①自立・共同・自治を築き上げていく生活指導の創造
②共同・連帯のための「知」の獲得と学習の共同的関係の創造を追求する授業の創造
③能力主義・管理主義にとらわれた主体のあり方を転換させ、進路を自由に選択し、共同して開拓していくちからを育てる進路指導の創造
④子どもの権利条約とグローバル・エデュケーションに呼応して、現代の人類的課題に挑戦す

る教育の創造

『中学校編』は、これら四つの課題を追求していくことができたときに初めて、現代の中学校教育は生徒たちの前に「生きるに値する世界をせりあがらせ」、中学生のなかに「生きる勇気と希望を育て、かれらを人格的に自立させていくことができるだろう」と述べる。それは同時に、企業社会日本の受験体制から中学生たちを解放し、かれらを人類的課題に挑戦する民主的市民に育てていくことでもあると述べている。

一九九〇年、九一年に刊行された二つの新版（『小学校編』『中学校編』）は、全体としてみれば、それまでの民主的な自治と正義を追求する集団づくりに、自立・連帯・共同という集団像を付加するとともに、グローバルな世界把握につながる課題学習の必要性を呼びかけるものであった。また、ユネスコ学習権宣言や「子どもの権利条約」の国連での採択等の動向を見据えながら、子どもの権利論を含みこんだ新しい生活指導論、学習指導論を探ろうとするものであった。

3　権利の行使主体を育む

（1）子どもの権利条約と人類的課題の学習

『中学校編』の刊行直後に開催された第三十三回全国大会（一九九一年八月）の基調提案「人類的課題にいどむ教育を——子どもを権利主体に　学校に自由と自治を」は、子どもの権利論を軸にした生活指導や学習指導を鮮明に打ち出したものであった。

この基調提案は、一九八九年に国連で採択された子どもの権利条約の意義や精神をふまえて、以下のような実践課題を提起している。(注12)

①子どもの基本的自由への権利ならびに教育への権利を認めると同時に、かれらがそれを意識的に行使するように指導していくこと。

②子どもの意見表明権、表現・情報・討論の自由への権利、思想・良心の自由への権利、さらには集会・結社の自由への権利にもとづいて、子どもの自治を発展させ、学校自治に子どもを参加させていくこと。

③そのなかで、子どもの権利を無視している日本の競争的・権威的な学校を改革していくと同時に、人類的課題にいどむ教育に背をむけつづけている日本の教育を質的に改革していくこと。

④子どもがその基本的自由への権利を行使して、人類的な課題の解決に参加する機会を多様な

形で保障すること。

⑤これらをつうじて、"THINK GLOBALLY, ACT LOCALLY" といわれる生き方を子どものものにしていくこと。

ここには、子どもを権利行使主体として認めると同時に、そうした権利を行使しながら、子どもなりの社会参加や人類的課題の学習を通じて、共同的で公共的な社会の担い手へと子どもが成長していくことが想定されている。言い換えれば、人類的な課題についての学習やそうした取り組みへの参加を体験することで、権利行使者として自立していく子どもが、単に個人的な欲望追求主体として「自立」するのではなく、自分なりの意義や意味を感じつつ共同的で公共的な権利行使主体となっていくこと（=自立していくこと）を想定しているといえよう。

そこには、幼児期や児童期の自立要求とは異なる、思春期以降特有の自立要求についての理解がある。自立すること、あるいは、諸能力の習得（学習）に対して、「何のために？」という意義や意味を模索しつつ大人になっていく時期が思春期・青年期の自立の様相である。

そうした課題にとって、自己の自立や学びを意味づける「他者」との出会いは重要な意味をもってくる。その「他者」との出会いを促す機会（契機）として人類的課題に取り組む教育が必要となってくるのである。グローバル・エデュケーション（地球市民教育）等の学びのなかで出会う「他者」は、高度に分業化された現代社会にあって、日常の身近な人間関係ではあまり意識しない「疎遠な他者」である。いわば、そうした、日常生活ではさほど関わりを意識せずに済んでしまう「疎遠な他者」こそ、自己を公共的な世界へと導く「他者」であり、そうした「疎遠な他者」と自分の間に無視しえない関わり合いや問いかけが発見されるとき、主体にとっての自立の意味や学びの意義が感じ取られるようになる。その意味で、この人類的課題に挑む教育は、中学生・高校生が学ぶ目当てや生きる目標を考えたり見つけたりするためのきっかけとなることを想定しているものである。

全生研大会の基調提案は、九〇年代を通じて、結局二つのことを追究し続けていったといえる。一つは、子どもを権利行使の主体として認めて、子どもを権利行使の主人公に育てる課題である。もう一つは、人類的課題等に取り組むことを通じて、子ども自身が学びがいや生きがいについて考え、それらを自ら発見していくことを促す指導である。

（2）子どもを市民として遇すること

以下では、子どもを権利行使の主人公へと育む課題について、その後の基調提案の論調を紹介するとともに、若干の私見を述べておくことにしたい。

一九九二年の基調提案では、授業における自治や学びにたいする異議申し立てといった問題が子どもの意見表明権や参加権の行使と関連付けて提起されている。

つづく一九九三年の基調提案は、「討議・討論をとおして子どもを権利行使の主体に育てよう」

というタイトルを掲げ、学校における子どもの権利の状況を問い、権利主体としての子どもを育てる課題を多面的に考察している。

さらに、「〈参加〉にひらかれた学習と自治を——未来を拓く教師の役割をさぐる——」と銘打った一九九四年の基調提案は、文部省が打ち出してきた「新しい学力観」政策とそれを背後で支えている新自由主義・新国家主義のイデオロギーを分析するとともに、そうした政策に対抗するものとして、「人権と民主主義」を基本とする学校づくり、〈参加〉にひらかれた学習と自治の追求を提起している。その際、人権と民主主義に開かれた教師の指導性とはどのようなものであるかが、新国家主義的な「管理」や新自由主義的な「支援」を批判しつつ、探究されている。

以上のような、子どもを権利行使の主体として尊重する考えは、一九九九年の基調提案においては、子どもを一個の人格主体として尊敬するという根源的な指導原理を押し出すことになる。九九年の基調提案によれば、(注13)教師がいま第一にしなければならないことは、一人ひとりの子どもを一個の人格主体として尊敬することであり、そのことをつうじて、人格を相互に承認しあう関係性を発展させ、子どものなかに生きようとする力をよみがえらせていくことである。その場合の人格の尊敬とは、子どもを自主的に判断し、決断し、行動する主体として遇することであり、話し合いをつうじて平和的な関係性をつくりだそうとする主体として遇することである。それはまた、市民的な（civil＝礼儀正しい）作法にしたがって子どもを一人の「市民」として遇することである。また、子どもを人格主体として尊敬できる教師になるには、教師が「学校家父長

制」から自由になることが何よりも大事である。(注14)

翌二〇〇〇年の基調提案は、前年の基調提案を受けつつ、学校現場の状況を次のようにとらえている。(注15)

近年、子どもの権利を基にして学校の在り方を問うことが多くなり、校則の見直しなど子どもを権利行使の主体として位置づけ、実践を進めるところも少なくない。

ところが、子どもたちに対する「義務」を緩やかにしたり、指導の基準を曖昧にしたまま「受容」という形で子どもの権利を飲み込もうとしているところも多くなっている。こういう学校では、教師と子ども、子ども同士、教師と親、教師と教師などの対立・問題を、こうした「緩やかな義務」「受容」の中に押し込め、学校は何の問題も起きてはならないとする「見えざる全体主義」で覆い、指導の基準を「子ども像」に凝縮させようとする、しかも、この「子ども像」は道徳的な「義務」を履行する「像」として働かせ、押し付けられ、権利行使の主体とする「子ども像」とはかけ離れたものになっている。そこでは権利が正義であり、法であるという常識は通用しない。

ここでは、「子どもの権利条約」が批准された状況下において、サブバッグの自由化等の「緩やかな義務」にむけて校則の見直し等を子どもに演じさせることで、あたかも、「子どもの権利が尊重されている」学校イメージを自己演出している学校の姿が批判されている。ここで批判されている学校は、子どもは「学校の決まり」を素直に守るものだという権威的な「決まり」観から一歩も抜け出ることなく、互いを「受容」し合う道徳的な「子ども像」（人間像）を一方的に子どもに押し付けること（徳目の強制）で、「子どもの権利条約」と矛盾することなく、「学校の決まり」を自主的に遵守する子どもを育てようとしている学校である。

そうした学校にあっては、「学校の決まり」とは顕在的には、髪型や服装等に関する生徒心得のようなものを指すともいえるが、生徒の潜在意識のレベルでは、生徒心得や校則のような成文化された「決まり」ではなく、「教師の指示には常に従うべきである」という暗黙の決まりを意味している。そうした潜在的な「決まり」観のレベルにおいて、子どもの精神的自由の権利を承認しないかぎり、本当の意味で学校で子どもの権利が保障されているとは言えないであろう。そのためには、子どもと教師・学校との関係を、子どもの潜在意識のレベルにおいても、子ども自身を教師や学校から自律させていく必要があるということになる。そうした自律への指導なくして、子どもたちは「決して民主主義そのものに拓かれた権利行使の主体として成長することはないし、教師と子どもの関係性を権利に拓かれた相互尊重の関係として構築していくことはできない」のである。（注16）

子どもは、教師や仲間から敬意をもって遇されるから、自らも、他者（教師や仲間）を敬意をもって遇するのである。そうした他者に対する敬意感覚の交流の上に、互いの権利と責任を承認し合う人間関係が生まれてくるのである。そうやって、存立してくる権利と責任の根源的な共鳴感覚こそが、人権尊重感覚の起源ではないだろうか。人間が互いに敬意を払い合うときの呼びかけ（権利希求の訴え）と応答（責任）の根源的な共鳴感覚こそが民主的人格の基礎といえるのではないだろうか。そうした感覚は戦後のある時期まで児童期における遊び仲間（集団）のなかで豊かに体験され育まれていたものだったのである。

4　問われているもの

一九九〇年代の全生研は、子どもの権利論を軸に、子どもを権利行使の主体に育てることをめざして理論化を進めていったといえる。その成果が大会時の基調提案に反映されていったのである。二〇〇〇年基調の執筆者は冒頭で紹介した鈴木和夫である。

さきに鈴木実践における「自己決定（自由）の徹底した尊重」は、Ｊ・Ｓ・ミルの『自由論』における「侵害原理」と同質のものであると指摘したが、実は、ミルは子どもや未開人の場合には、「侵害原理」の条件を満たさなくても、強制的な介入や干渉が必要となることを認めている。(注17) また、知らずに危険な橋を渡ろうしているような場合、あるいは、自ら進んで奴隷になる契約を結ぼうとしているような場合にも、「侵害原理」の例外として、強制的・権力的な介入が

容認されるとしている。（注18）

要するに、ミルは、一方では、具体的な危害を理由としてしか他者への強制的な介入は行うべきでないと述べる一方で、理性的な自己決定ができない個人（子どもや未開人）に対しては、その保護等のための強制的な介入を認めている。「本人のため」に本人の意思に反して強制的な介入を行うことを「パターナリズム」（家父長的態度）と呼んでいるが、この「本人のため」という「パターナリズム（介入・干渉）」と、他者を侵害しないかぎり本人の自己決定（自由）を尊重するという「侵害原理」は、見方によっては矛盾した介入原則となっている。（注19）

子どもに「市民としての権利」を認めて、「侵害原理」に則って子どもたちの間にトラブルが発生したときだけ、正義を回復するために指導的な介入を行うというのも分からなくはないが、子どもにたいする大人の関わり方は、市民的な自由権の相互尊重だけでは済まない一面をもっている。実践者の鈴木和夫が行っている様々な指導（子どもへの提案や要求）は、「子どものため」のパターナリズム（介入・干渉）である。班編成の提案や授業での学びの指導等、教師が行っていることは、そのほとんど全てが「子どものため」に行われるパターナリスティックな干渉である。

問題は、「子どものため」を願って行われる教師の様々な指導が、「侵害原理」に即した場合に許容される子どもの自由（権利）の領域を不当に縮減してしまっている可能性があるという点である。「子どものため」の指導が、子どもを権利主体に育むという観点から見て「子どものためになっていない」可能性があるということである。子どもを権利行使の主体に導くことができる指導は「よきパターナリズム」であり、子どもをして既成の「権威」に従順な人間へと導いてしまう指導は「あしきパターナリズム」であると、パターナリズムを二つに分けて考えることも必要かもしれない。[注20]

教師によって提案される内容が子どもの発達にとって豊かな可能性をもっているとしても、その提案に対する子どもの受容が、小学校入学以降に形成された「学校の決まり」への従順さによるものであるならば、その従順さこそ、子どもが権利行使の主体として成長する可能性の障害であるということになる。自分たちの与り知らないところで既に決まったこととして提示される「学校の決まり」には、異議をはさんだり拒否したりしていいのだ、それは自分たち子どもの当然の権利であるということを自覚したうえで教師の提案を受け入れるのであればよいが、もしそうでなく、諦めあるいは慣習的思考によって受容しているのであれば、問題であろう。

鈴木和夫が学級内の生活原則にしようとした「市民としての権利」、あるいは、J・S・ミルの「侵害原理」の思想は、単純化するならば、「他人に迷惑をかけない限り好きなことをしていい」というものであり、自分に対する他者からの強制的な干渉（権利侵害）については、それを拒否してかまわないというものである。[注21]鈴木はそういう「拒否できる自由」を学級内の子どもに認めているのである。このことは言い換えれば、自分にふさわしい教育を選択する権利を、さらに、自分にふさわしくない教育を拒否する権利を子どもに認めるものである。

そう考えると、いま日本の子どもたちにとって最も大事なことは、時と場合によっては、嫌なことは拒否していいのだという自由権の基礎を享受できることなのではないか。(注22) そのためには、「拒否できる自由」があることを子どもに教えること。拒否権こそ、人権における基本中の基本である。「拒否できる自由」がないところでは人権はまさに絵に描いた餅でしかない。子どもに「拒否できる自由」をまったく教えない場が学校であり、「拒否できる自由」に目覚めさせない教育が管理主義教育である。全生研は、指導とは子どもから拒否される可能性があるものであることを早くから鮮明に主張してきた団体である。(注23)

最近の実践でいえば、北山昇「教室から飛び出す自由と戻る権利」(注24) が、まさに、子どもの人権を尊重しつつ、子どもとの指導関係を作っていく実践になっている。「指導」の名において子どもの権利（授業を強制されない権利＝自己決定の権利）を侵害してしまう過ちを慎重に回避しつつ、しかし、同時に、行為・行動で示される子どもの異議申し立てに丁寧に応答することで、子どもとの指導・被指導の関係をゆっくりと紡ぎ出している。そうした民主主義の原則を踏み外さない（＝子どもの人権を蹂躙しない）指導事例が全生研の中には豊かに存在しているが、広く日本の教育全体を見渡したとき、子どもを権利行使の主体として認める思想は広く浸透しているとはいえないのが実情である。全生研の今後に求められる課題は今まで以上に大きいと言わざるを得ない。

さらに付言すれば、子ども・若者に、権利行使者としての主体性を育てるといっても、彼ら・彼女らに、行使する際の賢明さも教える必要があることはいうまでもない。学校で出会う教師も多様であること、生徒からの異議申し立てをあたり前のことと受け止めて、真摯に対話や討論を行う民主的な教師もいれば、生徒からの異議申し立てなど一切認めない権威主義的な教師（非民主的な教師）もいることを生徒に知らしめていくこと。そして、相手に応じて賢く行動しないととんでもないことになる可能性があることを生徒にきちんと教えておく必要がある。さらに、君たちが大人になったとき、どういう大人になるかによって、社会のあり方も決まってくるということも是非伝えておきたいことである。

自己決定主体としての当事者性（権利性）を相互尊重するというリベラリズムを社会の基本原理と考えるならば、ミルの言う「侵害原理」は当然に導き出されるものである。同時に、自己決定主体としての当事者能力が十全に備わっていない場合、親や教師等が子どもの当事者能力の育成を支援することが求められる。ただし、その際の支援（指導）の在り方の限界がどこにあるかは慎重に判断される必要がある。限界の基準は、自己決定主体としての当事者性（権利主体性）を損なわない限りにおいて、ということになるであろう。本稿は、その限界がどこにあるかを考察したものであり、いわば、指導が指導として成り立つ限界を見極めようとしたものである。その枠のなかで、どのような指導原理が求められているかについては本書の他の章から学んでいただきたい。

【注】

(1)鈴木和夫『子どもとつくる対話の教育――生活指導と授業』(山吹書店、二〇〇五年)一三頁

(2)同右書、一五―一六頁

(3)同右書、一〇五―一〇六頁

(4)同右書、三五頁や六八―六九頁。鈴木和夫が紹介している「市民としての権利」の出典は、深谷昌志『孤立化する子どもたち』(NHKブックス、一九八三年、二〇五―二〇六頁)である。なお、鈴木和夫の実践記録「Tという子と子ども集団づくり」については、竹内常一が既に丁寧な分析を加えている。竹内常一・佐藤洋作 編著『教育と福祉の出会うところ』(山吹書店、二〇一二年)参照。

(5)村井実は『人間の権利』(講談社、一九六四年)において、人間の権利とは、生まれながらに人間に備わっているものというよりは、人間の訴えを起点にして道徳的な誓いとして創り出されたものとしてとらえられるという権利観を提起している。

(6)鈴木、前掲書、六九―七〇頁

(7)J・S・ミル『自由論』(岩波書店、一九七一年)二四頁。なお、「侵害原理」という用語はミル本人が使用したものではないが、法哲学等の研究領域において「侵害原理」または「危害原理」と呼ばれてきた伝統がある。

(8)学級内クラブとは、学級の中につくり出される、飼育クラブ、お絵描きクラブ、サッカークラブ等の子どものサークルのことである。これは遊びや趣味を一緒に楽しむことでつながる目的集団(組織)であるが、学級会等によって承認されるという「公」的な性格をもっている点が、単なる私的な遊び仲間とは異なる。

（9）全生研常任委員会編『全生研大会基調提案集成第４集』（私家版、二〇〇八年）五五―五七頁
（10）全生研常任委員会編『新版学級集団づくり入門（小学校編）』（明治図書、一九九〇年）二二一―二九頁
（11）全生研常任委員会編『新版学級集団づくり入門（中学校編）』（明治図書、一九九一年）四二頁
（12）全生研常任委員会編『全生研大会基調提案集成第３集』（私家版、二〇〇〇年）一七四頁
（13）前掲、『全生研大会基調提案集成第４集』六〇―六二頁
（14）一九九九年基調提案は、こうした課題を述べつつも、実際には、教師が子どもとの間で、互いに人格を尊敬し合える関係性を築くことは容易でないとも指摘している。その最大の理由は、教師と子どもとの二者関係の中に第三者である加害者が潜み隠れており、その第三者が子どもを通じて教師に襲い掛かってくる場合が多いからである。そのため、教師は加害者である第三者を子どもとともにあぶりだして、加害者の暴力や抑圧に抵抗する連帯を子どもとの間につくり出していく難題に立ち向かうことが求められることとなる。また、子どもの人格を尊敬するということを、家父長主義的な受容や甘やかしと混同して理解し、子どもに人格の相互尊敬という市民的なモラルを示すことができない教師がいることも指摘されている（前掲、『全生研大会基調提案集成第４集』六一―六二頁）。
　なお、九九年基調提案のなかで言及されている「学校家父長制」について当該基調提案は明示的な概念説明を加えていないが、後述の「パターナリズム」の問題とリンクするものであることは言うまでもない。
（15）前掲、『全生研大会基調提案集成第４集』八二頁
（16）同右書、八三頁

(17) J・S・ミル、前掲書、二五―二六頁

(18) 同右書、一九三―一九四頁、二〇五―二〇六頁

(19) パターナリズムについては、中村直美『パターナリズムの研究』(成文堂、二〇〇七年)が参考になる。また、J・S・ミルにおける侵害原理とパターナリズムの関係については、福田雅章「刑事法における強制の根拠としてのパターナリズム――ミルの『自由原理』に内在するパターナリズム」(『一橋論叢』第一〇三巻第一号)参照。

(20) 中村直美、前掲書、参照。

(21) 鈴木学級の「市民としての権利」は、権利を侵害しないことの集団的な約束(契約的な宣言)である。したがって、その約束(契約)に反する権利侵害に対して拒否したり抵抗したりする権利を承認し合う宣言でもある、ということになる。

なお、本文中で既述したように、ミル自身は子どもや未開人の場合は「侵害原理」を適用しない例外としており、一九世紀の思想家ミルが子どもへの指導に即してどこまで自らの「自由の原理」を貫くつもりであったかについては別途検討すべき課題である。さしあたっては、福田雅章論文(前掲)が参考になる。

(22) 「嫌なことは拒否していいのだ」という考えは、全生研大会第五十六回大会基調提案(二〇一四年)が取り上げている「不利益には黙っていない」という発想と同質であろう。

(23) 『新版学級集団づくり入門(小学校編)』(前掲書)は、指導(指示)と管理(命令)との違いについて次のように述べている(六〇頁)。

指示は、どのような形をとるにしても、子どもと集団に一定の行動をとることを提案し、要求することであって、それを強制するものではない。したがって、教師は指示と管理的命令と

の区別を意識しなければならないと同時に、その区別を集団にも意識化させていくことができなければならない。…（略）…指導は、教師と子どもとの共同の意思を形成するものであるから、子どもは、教師の指示にたいして質問や反論、いや、そればかりか、拒否さえもできるのである。つまり、子どもは、正当な指導には自主的に従い、おかしな指導には疑問を提出し、まちがった指導には抵抗する権利をもっているのである。だから、指示は、当然、対話・討議に発展していくものでなければならないのである。

それにたいして、管理的命令は、子どもが事前にその行動基準について話し合い、それを承認しているかぎりは、それにしたがうことを当然のこととして要求するものである。

このようにみてくると、教師は、評価と指示をきっかけにして、子どもとの対話・討論に入っていくといってよいだろう。そのなかで、教師は、さきにみたように、説得と納得、批判と自己批判とを重ねつつ、相互のあいだに信頼と連帯の関係を築きだし、合意を形成していくという形でその指導を発揮していくのである。

おそらく、教師が子どもの人権の意義を本当に理解できるということは、ここに述べられている、指導と管理の違いを理解することと一体のことであろう。指導と管理を実践的に区別できている教師は、人権の意味を本質において理解している教師であると言ってまちがいない。

(24)『生活指導』二〇一四年四・五月号所収。

VI

教師のしごと、いま何を為すべきか

折出 健二

1　いま、なぜ生活指導を問うのか

(1) 生活指導の原点

「生活指導とは一人一人の子どもの現実にそくして、かれらが人間らしい生き方をいとなむことができるように、援助することである」。これは、戦後の生活指導運動をリードして来た一人であった宮坂哲文が述べた定義である。(注1)

ここには、「一人一人」「現実にそくして」「人間らしい生き方」「援助」という四つのキーワードがある。これら個々の言葉をどう解釈するかを議論してもあまり生産的ではない。それよりも宮坂が、様々な現実の矛盾を抱え込まされている子どもという存在への配慮と、その生き方への援助を生活指導というしごとに込めている点が大事である。宮坂が子どもへの配慮と援助を強調するのは、子どもを自由の主体としてとらえ、一人一人の個性の尊重、人間としての発達可能性への共感・共鳴を込めてのことである。このことは、宮坂が上記の定義と同時期に書いた論文で、生活指導は「日本近代教育史においての個性の発見、人間の発見の運動であった」(注2)としていることからも明らかである。特に「人間の発見としての生活指導」(注3)という言い方には、権威の抑圧や内面の支配から解放されるべき自由な人間性を備える一人の子どもという見方が貫かれている。

この見地からわかるように、生活指導は、単に集団の規律や体制をつくる学習指導補完の仕事でもなく、ただ子どもたちの心情的な許容関係を引き出して学校体制に適応させる営みでもない。生活指導をめぐっては、一九五〇年代末に、生活指導は学校教育の機能ないし作用を表す概念だとする宮坂哲文と、生活指導は教科指導と対置される領域概念だとする小川太郎との論争がおこなわれたが、後に、それは人格形成に直に働く民主的訓育として整理された。この成果を引き継いで、子どもの尊厳に基づき子どもたちへの配慮と援助を中身として有する生活指導は、教科・教科外の領域をとおして働く人格形成機能として、その今日的な意義を掘り下げていく必要がある。

(2) 子どもの実態と社会の現実

さて、こんにちの生活指導が抱える困難さの要因は、一人一人の子どもの発達の実態が多様化し、中には虐待されてきた体験のある子ども、発達障がいと診断されたか、その予兆が見られる子どもがいるし、その一方で進学を目指しほぼ毎日塾の宿題で深夜まで勉強している子どももいる。また地域によっては、学級の相当の割合で生活保護を受けている家庭の子どもがいる。その多様性に加えて、子どもたちは、市場ルールが社会秩序を成すとする市場原理の合理性の現れである競争社会の勢いにあおられ、「自己責任」の標語のもとに追い立てられている。

前者については、そのような発達課題を抱える子どもを指導上の「困った子」としてのみ見るのではなく、その子自身が迷い、悩みながら外界に関わっている「困っている子」であるとの見方を介して、学級の子どもたちの関係性を弱者の視点から編み直していくことの重要性が、全生研の実践をとおして明らかにされている。

後者の競争主義の側面に対しては、学校運営、学級指導の場にも成果主義が持ち込まれ、指導内容についてそれらを数値化し、目標を立て、検証して、その改善を実施するという企業経営サイクル（＝ＰＤＣＡサイクル）の考え方が指導のマニュアルとして広がっている。ある事例では、「やさしく温かな学級」づくりを目標として、一週間に子どもたちが何本の花を持ってきたかを数値化して報告することまで行われた。学級担任が成果主義の実施のエージェントにさせられていくなかで、その子どもたちまでが、実績づくりを分担する幼いエージェントになっていく（させられていく）姿がよくわかる。

数値目標設定、その検証、改善点の明示、次の目標設定。こういう企業経営に由来するマネジメントモデルが学級づくりに果たして必要なのかという疑問や違和感がたとえあっても、そうした教師の感受性そのものが排除され、退けられていくのも現在の成果主義の構図なのである。

(3)「ゼロトレランス」方式の問題点

その根底にあるのは、新自由主義の人材管理の考え方である。自己選択と競争、その結果に対する評価、それを受けての自力改善。これらがひとまとまりのセットになって要請され、しかも、学級担任はまるで企業人のように、この経営サイクルを常に意識しながらこなしていくことが求められている。この人材管理が指導論として現れたのが「ゼロトレランス」方式（zero-tolerance policing）で、これはアメリカの教育方針から文部行政が移入した考え方である。

これは文字どおり、ゼロトレランス＝「非寛容」を旨として、学校の規則・規範に反する行動は排除していくやり方である。それは厳密には指導ではなく、子ども同士の関係をひとまとまりの環境と見なして、この環境を合理的に管理するやり方である。対象となる子どもがなぜそういう行動を取ったか、その背景にはどのような家庭環境なり地域の実態があるかなどは、この際、関係ない。もともとそのような配慮そのものを排しているからこそ「ゼロトレランス」は成り立つのである。

アメリカのこの教育方針を紹介し推進してきた者の解説によれば、「ゼロトレランス」方式とは、「大多数の善良な生徒の良い学習環境を守るため、学校の規律や秩序や権威を保つには、ごく少数の一部の問題非行生徒を除外しようとする指導方式」である。(注4)

西日本のある中学校の事例では、授業中に教室を抜けだして空き教室に入って眠っていた生徒を見回りの教師がデジカメで撮って校長に通報し、校長から警察に連絡がいって、その生徒は補導されることになった。その生徒にはそうなるまでに、これまでの生活の実態があり、小学校からの積み上げによる授業についていけない学力の低さもあったかも知れないが、そうした個別要因は無視される。ここに、子どもの生き方の持つ固有性や歴史性への配慮をまったく欠いた規律・規則優先の「ゼロトレランス」方式の反教育性が端的に表れている。

（4）教師のしごとに求められていること

このような現実において、教師のしごとで何が問われているのか。それは、一人一人の生き方がまるでローラーで地面をならすかのように事務的・機械的に扱われることに対して、教育実践としてはどうのぞむのか、である。かつて宮坂は一人一人の子どもの「生活の中での意識と感情にいつもふれていること」は「教師にとって絶対不可欠の条件」であり、子どもにとっても「自己の経験している意識や感情を自覚し、表現できるようになること」は「不可欠のいとなみ」であると述べた。(注5) この見地は、新自由主義による排除型社会が進み、学級もそのミニチュアになっていく現在において、改めて確認しておくべき大事な見方である。というのは、その過程にこそ、子どもたちの人間としての成長があり、具体的場面をぐって獲得される他者認識・集団認識・自己認識が生まれるからである。(注6)

これらの宮坂の主張をいま改めて受け止めれば、子どもたちが互いを他者として認め、関心を持ち、配慮する関係性の内実のことを指しており、生活指導の倫理的可能性を述べているのである。この課題は、後に、「民主的交わりの指導」（城丸章夫）として、さらに「自他の関係変革をつうじての世界づくり」（竹内常一）という生活指導論に発展してきた。

子どもたちは、対立やトラブルの最中に、言うに言えない立場に立たされている仲間の思いを代わって集団に語り出すことがある。このように、子どもは、他者への感受性を具体的に耕し、豊かにし、主体どうしのつながりを多面的に発展させ、集団としての生活、あるいは私的交わりの生活に意識と関心を向けるようになる。意識と関心を向けるから具体的な他者や出来事への責任（responsibility　応答責任）が生じる。この関係性こそ、倫理の中核なのである。生活指導は、一人一人を倫理的主体として育てる教育実践であるし、学校の現実はその営みがいま最も求められる状況に来ている。

これに対して「ゼロトレランス」方式は、人間関係という環境を効率的に管理する装置として、規律・規則の体系性（一般性）をもって子どもたちを管理するやりかたである。そのもとでは、他者や集団の認識の仕方の面がそぎ落とされていく。そのため自己認識は常に不安定で、こうした子どもたちは、別の弱い存在を見つけていじめるか、自己自身を痛めつけるか、なんらかの負の反応を示すのである。そのような子どもたちの生活現実にさらに追い打ちをかけるように、「道徳」を「特別の教科」として教授しようとする新たな教育政策が登場してきている。

2　道徳の強化をどう読むか

(1)子どもの個性・自主性を尊重する道徳教育なのか

「ゼロトレランス」方式と相まって、最近進められようとしているのが道徳の強化である。この場合の道徳とは、原則・規則、決まりの集合体であり、何よりも価値の規範であるために徳目化されることによる普遍性を重視するものである。帝国時代の日本のような国民の精神的統合をねがう守旧派の政治家の中に、戦前の「教育ニ関スル勅語」に盛られている徳目は現在も通用するものばかりでこれを復活させよ、と主張する人がいるが、その理解には大きな誤りがある。「教育勅語」では、十いくつの徳目がすべて最後に集約されて、「一旦緩急アレバ義勇公ニ奉ジ」と、国家に自分の命を捧げる滅私奉公の最高徳目に回収されるからである。

しかし、決定的に誤っているのは、道徳的に未熟で弱い存在の子どもに権力が価値を教えるとする見方である。中には、その子どもたちへの配慮を述べる者もいるが、それが子どもたちへの内面の支配に転化していくことを自覚していない。さらに、道徳価値を追究してつくりあげていく価値創造の主体は子どもである、という子ども観に立てていないのである。

(2)「道徳の『特別教科』化」と「自己責任」論

我が国における道徳のこうした保守的な考え方はいまなおも残っていて、二〇一四年一〇月二一日付で公表された中央教育審議会答申「道徳に係わる教育課程改善等について」という、いわゆる「特別の教科　道徳」新設の提言にもそれが見られる。こうした動き自体をどう読むかについては重要であるので、以下に要点を述べる。

問題の見方として、二つの次元がある。一つは、戦後教育における道徳教育問題とのつながりで、今何が起きようとしているのか、である。今一つは、現在の新自由主義的統治への社会的動勢のもとで、この「道徳の特別教科化」問題は何を意味しているのか、である。

一つめの論点から述べる。かつて道徳時間特設（一九五八年学習指導要領改訂）について、当時文部行政関係者がそれを「第三の教科」さらには「超教科」と呼ぶことさえあった時に、宮坂哲文は、戦前の修身教育の歴史から見れば「(道徳を：引用者）あとは教科になおして首位にあげる工作が残っているにすぎない」と指摘した。(注7)「道徳」を「首位」にあげることは、戦前の修身教育体制における修身首位主義を指している。「教育勅語」発布後、明治政府によって修身科は各教科の筆頭に位置づけられ、他の教科を支配する超教科と見なされた。この修身教育体制が、以後の国家主義教育の柱となった。修身教育が果たした本質的な内容は、自然的心情をもって「忠君愛国」を基礎づけた明治期前半の「忠孝」教育を、個人の自由を制限して天皇制国家への服従をもって「忠君愛国」とする国家絶対主義の教育に転換することにあった。[注8] この「家族国家」観による道徳教育は、市民一人一人が自由な判断で自分たちの政治体制を選択するという自律的な主体形成には至らなかった。その点で、国家主権意識を市民生活に内在化させることができなかった我が国ナショナリズムの形成と「家族国家」観の道徳とは一体のものであった。[注9]

「道徳の特別教科化」(文部行政は二〇一八年度全面実施を目途としている)とは、このような歴史性を踏まえるならば、まさにその道につながる問題に他ならない。しかも、上記答申も文部行政も、戦前の「修身科復活」と取られないように教育界や国民に慎重に説明をして、むしろ子どもたちの「荒れ」やいじめの多発や痛ましい少年事件等に対してこれまでの道徳教育が効果を見せていないことを「特別教科」新設の主な理由としている。

しかし、ここには問題が二つある。(ア)子どもたちの起こす(起こさずにはおれない)「諸問題」を口実にしてその正面からの解決策ではなく教育政策の次元にそれをスライドして「道徳の特別教科化」を狙うこと、(イ)道徳教育に係わってきた現場の教師に責任があるかのように、教師を(道徳教育の効果不達成の責任を問われる)「被告席に置く」論理をとっていることである。[注10]「特別の教科　道徳」は、オブラートに包まれた表現ではあるが、その内実は、他の教科と相並ぶのではなく、学校における道徳教育全体をリードしていく中心的位置につく可能性をもっていま政策化されようとしている。そこに見え隠れするのは宮坂がかつて述べた「首位にあげる工作」にほかならない。

教育現場では、「道徳の特別教科化」でその授業をやらざるを得なくなるならばどのようにするかを検討しよう、という意識が働いている。これも、中央の文部行政の動きに後れを取らず、逆らわずに順応していくという今日の教育界の風土の現れである。

こうした動向の背景には、新自由主義的統治が生み出した価値規範の転換がある。これが、先に述べた二つめの論点である。この問題の焦点は「自己責任」にある。これは新自由主義的統治のシンボル的な価値であり、一九九〇年代以降あらゆるところで人びとの生き方に係わって語られ、持ち出され、その自覚が求められてきた。その意味することは、新自由主義がもたらす社会の解体、コミュニティの瓦解と分散化に対する個々人の自己管理、規範とリスクに対処できる価値観を備えた生き方、そして国家の一員としての自覚と実際の行動能力を持て、ということにある。

(3) 排除型社会を背景として

以上の二つの次元を全体としてとらえることが今とても大事だ。つまり、新自由主義がそのコアとしている「自己選択と競争の自由」を徹底すればするほど、社会は排除型社会になっていく。経済格差を背景とした地域社会の家族の孤立、職場での互いの牽制や排他的な関係性のことなどがそれを物語る。そして、学校や学級もまさにその小型の社会となっているのである。大人にも子どもにも、この排除の関係性が生活に蔓延しつつあるからこそ、各人は、規範意識を核とする自己の道徳能力を身につけよ、そのためには学校教育における道徳強化は必須だ、という構造なのである。

要するに、なぜ、いま「道徳の特別教科化」なのかといえば、それは、新自由主義的統治をより十全に遂行し、より安定化させるには、新自由主義が求める価値観念を身につけて行動できる、国家の針路に従順な大量の人材を育成しなければならないからである。しかも、そこに、「国家の一員」たるにふさわしい日本の国の「伝統」と愛国心、家族、地域、学校、職場それぞれの個別の責任と規範・秩序という普遍的な価値への同化という人格形成作用を織り込もうとしている。「道徳の特別教科化」問題の裏には、新自由主義統治とその「自己責任」論的な道徳支配との関係が相互補完的な関係で登場しており、今後の動向を注目し、必要に応じて批判していく必要がある。

3 〈弱さ〉と向き合う生活指導・集団づくり

(1) 参加民主主義の集団像を手がかりにして

これまでの全生研の研究と運動は、子どもの権利条約(一九八九年国連採択、日本国は一九九四年に批准）の思想に基づき、これを教室に、学校に根付かせる子ども集団づくりをめざしてきている。これは『新版　学級集団づくり入門』の成果を引き継ぎつつ、これからの展開を構想する過程として『子ども集団づくり入門』へと具体化されてきた。いまめざす集団づくりのキーワードは、子どもの一人一人を権利主体として育てる市民的自立、その知の力につながる学び、相互承認に立つ共同と連帯、である。この全体を概括して参加民主主義の集団像の探求と言い換えてもよい。

ここでいう参加民主主義とは、行動する市民像を母体とし、直接に自分たちの声を反映させていく行動様式を主たる内容として含み、仲間の声を聴きその要求に向けて行動を起こすリーダーシップと、自分たちの要求にかなう目標提示とその指揮にはしたがうフォロワーシップの関係を有する民主的行動と認識をさしている。(注11) この課題の意義は、国政や地方政治を見ても脱政治化現象が見られるなかで、学校教育をつうじて子どもたちに「市民としての行動性(注12)」にふさわしい権利意識と行動能力を育てることにある。また、実際の市民参加は中央集権化された民主主義体制の下で権力と向き合うこともしばしば起きるので、少年期・青年期をつうじて知的で自由な批判精神と民主的な自治能力、そして多様な意見を反映する合意形成力を、生活問題を解決する過程で身につけることが必要である。

ここで集団づくりの実践に即して考えてみたい。かつて、「このクラスに班をつくります。それはみんなの力でこのクラスをよくしていきたいからです」と教師が班づくりを宣言し、制度化して、学級集団づくりを開始してきた。その背後には、教師の描く集団の民主的発展像があり、その初期段階としての「班づくり」の呼びかけが重視された。その場合、班づくりは、めざす集団発展像へのルートであった。参加民主主義に立つと、同じ班づくりでも、集団と共に生きる意味を丁寧に伝えることで、関係性の自覚に基づく行動を呼びかけることを重視する。以下は、筆者が考案した参加民主主義的な呼びかけである。

「このクラスでは、あなたたちは、それぞれ自分が自分であることを大切にし、仲間の一人ひとりにも同じような要求があることを認め合うことが必要です。ここでは、誰も孤立しないし、させられない。ここでは誰もいじめないしいじめられない。ここでは、どんなまちがいやつまずきもせめないし、せめられない。ここでは、どのようにすぐれた考えやわざも、ひとりじめしないし、多くの仲間がそれを学べる様にしていきます。ここでは、一人ひとりが育ってきた家庭のことや生い立ちをもって差別しないし、差別されない。ここでは、どのような意見の違いも、暴力でそれを抑えないし、そうされない」

言い換えれば、クラスの子どもたちの権利宣言（それは教室空間における平和の相互確認である）を土台にして、学級づくりがスタートしていく。「初めに班ありき」ではなく、「初めに子どもの権利の相互承認ありき」が生活指導・集団づくりの出発点になる。

（2）差異と参加から立ち上がる生き方と倫理性

このような集団づくりへの指導は、たとえば故鈴木和夫による市民的権利宣言の実践などに実際に現れていた（鈴木実践の「Tと集団づくり」の実践報告に見る指導構想はそこから出ている）。(注13) 筆者の調査経験では、カナダのパブリックスクールの初等教育において、低中高学年のそれぞれの雰囲気やスタイルで、子どもの権利が宣言されていた。それは教室の壁新聞として、あるいは天井からつり下げられたポスター風の用紙に、「共に学びあおう」「違いを大事にしよう」を意味する「Make a Difference」とうたわれていた。中等教育段階ではそれを概念化してクラスの政治性（本来の意味での市民的権利行使の公共性）を表明していた。それらは、各クラスにおいて子どもが安心・安全に生活するための土台、開かれた公共空間を創り出す学校としての教育方針であり、学校設置者及びその管理責任者と子どもたち（並びにその親権者たる保護者）との契約関係だといえる。

このように、参加を基盤とする教育実践は、まず子ども自身が権利主体として自己と他者を認めることから始まって、相互の声を出し合える対話と討議の空間を仲間と共に保持していく自治的集団づくりへの参加を指導の課題とするのである。これは、管理的・団体主義的で、権威的・内面統制的な「和」とナショナリズムの融合した精神風土に由来する日本の学校秩序を変えていくものである。と同時に、新自由主義的な排除型社会のミニチュアとなっているクラスの排除的な対立とトラブルを子どもたちの手で乗り越える社会的基盤を育てるものである。

参加民主主義の「参加」とは、誰が、どういうことに関心を持ち、どのようなちからを獲得して、誰のための生活空間をつくろうとしているのか、を内実として含んでいる。暴力をおこさず、暴力にうったえず、暴力を黙認しない。そういう子どもたちが育っていく過程には、規則と決まりの体系としての徳目主義道徳が中心に位置づくのではない。一人一人が他者に配慮し、自己表現のできる安全を共有し、これらの民主的価値を一歩一歩実現していく行動を進める。これらが子ども集団の文化として表現されるから、そこには倫理が生きて働いている。生活指導のしごとは、このような価値追究の主体を育てる営みなのである。

(3) 子どもの〈弱さ〉に向き合う生活指導

このような営みから新たに見えてくるのは、競争の徹底によって翻弄される他者への関心と配慮、個性を認めあい守りあうという意味で、子どもの〈弱さ〉に目を向け、〈弱さ〉をバネに子どもが成長していく生活指導・集団づくりである。

ここで言う〈弱さ〉とは、傷つきやすく、他者に依存し、他者からの援助を必要とする存在特性を指している。これは相互依存性を有する人間のあり方といえるが、特に子どもたちには〈弱さ〉と発達課題とは一体のこととなっている。一般に、指導や援助にたずさわる者は、指示や評価で相手を自分の意志にしたがわせる権力性をもつといえるが、〈弱さ〉とは、これに対して、一人一人が保護されるべき立場(非権力的な役割)であることを意味している。保護者と子ども、教師と子ども、あるいは児童養護施設職員と子どもの関係等、生活指導では見逃せない実践的な視点である。

他方、〈弱さ〉は単に個人的なことや身近な関係にとどまらず、広く社会的・政治的な参加の意義も持っている。すなわち、〈弱さ〉は、自律的個人を前提として他者と競い合い、場合によっては他者を支配し操作することのできる〈強さ〉の次元からは解放されることを指す。〈弱さ〉とは、その意味で、他者との相互依存関係（相互依存性）を自分たちの生き方として受け止め、意味づけながら、それゆえに他者への関心を持ち、他者の不安や苦悩、「明日」への思いを気遣い、生活や社会の課題解決に向かって共々に参加する関係性の創造につながる主題である。

この〈弱さ〉と向き合うことは、人間の関係性を日々確かめ、社会的つながりを認識することであり、他者のことを配慮するのもその大事な要素となるのである。[注14]これは、排除型社会のなかで競争的自立にふさわしい人材たれ、という〈強い〉関係指導の「ゼロトレランス」方式とは対照的に、基本的には自由と民主主義の実現に開かれた生活指導・集団づくりをめざす道である。

ただし、それは自然に健全な方向に育つわけではない。やはり、前述した「現実にそくして」「援助する」（宮坂哲文）ことが不可欠である。この教育実践の方向性は、本書第Ⅲ章で述べてきた「ケアと自治」のテーマと深く結びついていることを付言しておきたい。

繰り返すが、権力が子どもの生き方を指導するのではない。子どもと共に切り拓くように働きかける実際の生活が、その変革されていく生活が子どもの生き方を導くのである。しかも、その生き方は、具体的な場面や問題をとおして、何が共に分かちあうべき価値なのかを問うという倫理性を備えたものなのである。また、このような見地は、城丸章夫が、一貫して、「行為・行動が子ども自身にどのような人格的影響を与えるかを決定的に重視する」(注15)としてきた教育実践と指導の思想を、自由・自主の主体の形成と市民参加、「市民としての行動性」(前出)の見地からとらえ直し、再構築していくことにつながる。

4 おわりに

「教師のしごと、いま何を為すべきか」と問いかけて論じてきたが、改めて教師のしごとは、一人一人を〈子どもの権利〉の主体として尊重し、その民主的な行使を学びや自治的活動、文化活動等をつうじて実現していくことにあることを述べて結びとしたい。

市場原理主義のこの社会状況をめぐっては、一方では、新自由主義に抗する政治社会の運動として社会権の構築と拡充が必ずや進むであろうし、(注16)他方、教育実践ならびに教育運動としては、子どもたちを守り、その将来を願う広範な人びとの連帯のネットワークがいっそう大きな力を持つであろう。わたしたちも、互いの〈弱さ〉を認めて「異なる声」を出し合い、対話と連帯を核とする社会づくりに参加していくときである。この見地から生活指導を再構築することは、今まで以上に参加と自治に開かれる新しい学校を実現することにもつながる。このような学校づくりとこれを自覚的に担う教師のしごとが、歴史的な必然性を帯びるほどにいま目の前に課題として生起している。

様々の軋轢や困難をのりこえながらつくりだす実践の軌跡は、教育学的には、生活指導が教育の方法概念であると共に学校教育を変える目的概念でもあることを、この時代の只中で、実践と研究と運動をとおして共々に立証することである。

【注】

（1）『宮坂哲文著作集Ⅰ』（明治図書、一九七五年）所収、「生活指導の考え方」（初出、一九五八年）二一五頁

（2）（3）「生活指導の課題」（初出、一九五九年）、同前所収、一〇六—一〇七頁。

（4）加藤十八『ゼロトレランス——規範意識をどう育てるか』（学事出版、二〇〇六年）三六頁。本書で述べるように「ゼロトレランス」方式は、子どもたちの中に自治の意識や共同で価値規範を創り出すという生活指導的な基本的考え方が見られない。著者も言うように、生徒との信頼関係を指導の基本に据えてきた日本の教師にとっては、懲戒と処罰によって生徒の反省を促すこの方式は混乱をもたらすが、そこを「校長のリーダーシップ」で統制していくしかない。そもそも学校の自治をどう再構築するかの考えを欠いているために、この方式を日本の学校に適用すると、校長専決型学校運営になるか、校長の孤立無援状態に陥るかであって、教師集団

の成長や教師相互の指導観の充実は見られない。よって、一時的に効果を上げるが破綻していくのは時間の問題だといえる。

(5)同前、「生活指導の本質」(初出、一九五六年)、一一二頁

(6)この重要な論点については、竹内常一が『教育への構図――子ども・青年の発達疎外に挑む』(高校生文化研究会、一九七六年)で「集団認識・仲間(他者)認識・自己認識」として提起しており、同じく『竹内常一　教育のしごと』第二巻(青木書店、一九九五年)所収の「集団認識・自他認識の指導」(初出、一九七六年)でも、「集団認識・他者認識・自己認識」を不可分のものとしてとらえること、認識主体の自己変革こそがここでの重要テーマであることを論じた。

本文で折出は「他者認識・集団認識・自己認識」としており、ヘーゲルの他者論をベースにして、主体の意識化の対象は本来「他者」であり、集団の認識はそのバリエーションといえること、しかしながら身近な仲間の他者認識を媒介にして初めて集団の認識は成り立つことを表している(折出『市民社会の教育――関係性と方法』創風社、二〇〇三年、のⅢ章参照)。この点では、基本的に竹内の上記の概念枠組みを引き継いでいる。

なお、竹内がその後、「認識」の用法をやめて「自己」と「他者」の出会い・対話・討議をつうじての「世界づくり」としていることについては、子どもとその対象世界の関係を認識論的にだけではなく存在論的にもとらえる問題意識が働いている。この課題については稿を改めて論じるほどの内容であるので、他日を期したい。

(7)同前、「生活指導と道徳教育――道徳特設時間と生活指導」(初出、一九五九年)、二〇四頁

(8)石田雄『明治政治思想史研究』(未来社、一九五四年)二一頁以下。

（9）同前、一三八頁以下。

（10）『城丸章夫著作集』第三巻（青木書店、一九九二年）、第三章「生活指導と道徳教育」一〇四頁

（11）（12）篠原一『市民参加』（岩波現代都市政策叢書、一九七七年）七七頁以下を参考にして、折出自身がこれまでの集団像を相対化する作業を経て学んだことを基に定義している（前掲、折出『市民社会の教育』の「第二部　新しい生活指導・集団づくり」を参照されたい）。

（13）鈴木和夫『子どもとつくる対話の教育――生活指導と授業』（山吹書店、二〇〇五年）を参照。鈴木は、アメリカ・ワシントン州オリンピア市の「市民としての権利」五条を子どもたちの指導の基本方針に取り入れたと述べている。それは子どもたちの関係性に対する市民としての認識を育てるためであったが、その実践の今日的意義については、本書の第Ⅴ章を参照されたい。

（14）ファビエンヌ・ブルジェール、原山哲・山下りえ子訳『ケアの倫理――ネオリベラリズムへの反論』（白水社文庫クセジュ、二〇一四年）五八頁

（15）前掲、『城丸章夫著作集』第三巻、九〇頁以下。

（16）吉崎祥司『「自己責任論」をのりこえる――連帯と「社会的責任」の哲学』（学習の友社、二〇一四年）参照

《参考文献》

折出 健二

Ⅰ 全生研基本文献（1）——常任委員会編著の入門書

①『学級集団づくり入門』（通称『初版』、明治図書、一九六三年）

本書は、一九五九年に結成された全生研の最初の実践的著作として刊行された。同書によれば、当時、集団主義方式が教育現場に導入されその方法論が確立したこと、並びに学級集団のみならず全校の児童会、生徒会や地域の子ども集団などを集団づくりの課題が広がったことなどが刊行の背景にあった（「まえがき」）。

本書は、「学級集団づくり」の「二つの意味」を、民主的な学習集団に育てることおよび「差別のない民主的な学級集団をつくりあげる」ことにまとめている（同書、一〇頁）。

その上で、集団づくりの実践構想としては、まず集団像があり、その課題に向けて取り組む「集団構造の質的発展」の具体化として「班づくり・核づくり・討議づくり」の三側面があるとされ、後に「全生研方式」と呼ばれる指導方法論が提示された。その基本には、「学級集団づくりとは、とりもなおさず、子どもたちの自主性に即しながら、教師集団による管理経営活動を、生徒集団の自主的な管理経営活動に切り換えていく過程のことである」との考え方があった（同書、二二頁）。

②『学級集団づくり入門　第二版』（明治図書、一九七一年）

「まえがき」で「まったく新しい構想にたって旧著を全面的に書き改めたもの」としるした上で「この間の発展的成果を世に問いたい」から「第二版」と呼ぶのだと記している。本書では、生活指導・集団づくりの原則と実践の「すじみち」が指導技術論としてまとめられている。

初版と比べてみると、「民主的集団」概念の確立、「班・核・討議」の三側面の指導を主とする段階から「核の確立と発展」段階への質的発展（今日でいうリーダーによる集団の自己指導の確立）、さらに「学習集団」概念の形成等が顕著にみられる。

③『新版　学級集団づくり入門』（小学校編、中学校編）（明治図書、一九九〇年、一九九一年）

『第二版』からおよそ二十年。この間の生活指導運動と実践・研究の成果を著したのが、本書である。その「まえがき」で、「近い将来に『第三版』をつくりだすための作業として、本書を位置づけ、あえて『新版』とする」と述べている。

同書の構成は基本的には『初版』『第二版』と同様のものであるが、小学校・中学校編のいずれも第Ⅰ章で、少年期の発達と自立の課題（小学校）、中学生問題の現実と生活指導をめぐる課題（中学校）を教育実践に即しながら克明に掘り下げている。また、地域生活指導運動の進展をふまえた、学校における生活指導のすじみちを正面からとらえているのは従来になかった点である。

④『子ども集団づくり入門』（明治図書、二〇〇五年）

「まえがき」で、「生活世界の共同の実践者であり未来の市民である子どもたちの関係性を全生研では〈子ども集団〉としてとらえ」、「それは学級集団を基礎としながらも、（中略）学級や学年を超えた多様なつながりと規模の集団を指」すとしている（同書、三―四頁）。その内容構成は、前の三つの書とは異なり、次のようになっている。

第Ⅰ章　わたしたちが教師であり続けるために

第Ⅱ章　子ども集団づくりをどう進めるか「豊かな活動をつくる」（小・中学校）、『荒れ』と集団づくり」（小・中学校）ほか
第Ⅲ章　学びと子ども集団づくり
第Ⅳ章　学校づくりと子ども集団づくり
補論　子ども集団づくりがめざす世界

Ⅱ　全生研基本文献（2）――大会基調提案集成

全生研大会では毎回、全体会の学習として「基調提案」を報告し討議してきた。これは、常任委員会内の小委員会ないしはプロジェクトチームが共同で作成に取り組み、その直近の子ども・教育・学校を取り巻く政治・社会・文化等の情勢を理論的に整理し、その上で会員の特徴的な実践を踏まえながら、当面する実践課題を述べた実践的かつ研究的な論文である。第一回大会（一九五九年）から第五十回大会（二〇〇八年）までの大会基調提案はつぎの四巻の『基調提案集成』に収録されている。

①全生研常任委員会編『全生研大会基調提案集成』（明治図書、一九七四年）
本書には、第一回大会から第十五回大会までの大会基調提案が収録されている。これらのすべてはまさに「苦闘の研究―実践史」（「まえがき」）を物語る。

②同編著『全生研大会基調提案集成第二集』（明治図書、一九八三年）
本書には、第十六回大会から第二十五回大会までが収録されている。これらは「子どもの発達疎外が全面化、かつ深刻化する」なかでの実践と研究の蓄積を刻んでいる。

③同編著『全生研大会基調提案集成第三集』（私家版、二〇〇〇年）

本書には、第二十六回大会から第四十回大会までが収録されている。教育と学校に市場万能主義の波が速いテンポで押し寄せるなかで、全生研が早くから新自由主義を視野においた実践論を提起したこと、さらに地域生活指導運動を提起したこと（第二十七回大会）など、貴重な理論的蓄積が読み取れる。

④同編『全生研大会基調提案集成第四集　生活指導・集団づくりとは何か―全生研50年のあゆみ―』（私家版、二〇〇八年）

本書には、第四十一回大会から第五十回大会までが収録されている。本書の「第一章　発題　生活指導運動が大切にしてきたもの」（執筆：竹内常一、同書九～三〇頁）は、全生研の基本文献に即しながら生活指導運動の成果と課題を述べたもので、関連文献として読者に薦めたい。

⑤第五十一回大会から第五十七回大会（二〇一五年）までの基調提案は各回の『全生研全国大会紀要』（私家版）を参照されたい。ただし、基調提案の予定稿としては、毎年七月に発刊の『生活指導』誌にも掲載されている。

⑥全生研機関誌『生活指導』

創刊号（一九五九年）～七〇〇号（二〇一二年三月）は明治図書から刊行。七〇一号（二〇一二年四月）以後は高文研から刊行。同誌は、二〇一五年六月現在で、通算七二〇号を迎え、会員の実践記録と、その時々の教育問題を掘り下げる論考を合わせて掲載している。創設から五十年を迎えた二〇〇八年の同誌八月号臨時増刊は、『学級づくりハンドブック　楽しい集団づくり35の秘訣』（明治図書）を発刊している。

⑦『生活指導』復刻版（同誌創刊号～一九九号を収録）が明治図書から一九八五年に刊行されている。

⑧これらの他に常任委員会編の刊行物が数多くあるが、なかでも『メッセージ・学級集団づくり』全

一二巻（明治図書、一九九三年）は、『理論編』、『障害児と集団づくり』に続いて小学校全学年、『中学校問題』と中学校全学年を各巻ごとに編集したものである。それ以後も注目すべきものとしては、『学びと自治の最前線――「総合的な学習の時間」を問う』（大月書店、二〇〇〇年）、『暴力をこえる――教室の無秩序とどう向き合うか』（大月書店、二〇〇一年）などがある。

また、最近では、同委員会の「いじめブックレット」編集プロジェクト編著『いじめ・迫害　子どもの世界に何がおきているか』（クリエイツかもがわ、二〇一三年）がある。

Ⅲ　生活指導・集団づくりの理論的深化と展開の足場を築いた諸著作

①四十六歳の若さで急逝した宮坂哲文には『生活指導と道徳教育』（明治図書、一九五九年）、『続・生活指導と道徳教育』（同前、一九六一年）などの名著がある。その原点ともいうべき「生活指導と道徳教育」は、氏の業績をまとめた『宮坂哲文著作集』全三巻（明治図書、一九六八年）のうち第一巻に収められている。同論文ではじめて生活指導概念が確立された。同論文には、当時、生活指導の機能・領域論争の相手である小川太郎への詳細な反論も付記されている。いずれも、今日の実践と研究にとっても示唆に富むものである。

②四六判で五〇〇頁に及ぶ竹内常一著『生活指導の理論』（明治図書、一九六九年）は、生活指導にみる生活綴方の系譜と生活訓練の系譜の交差する問題を論争的に提起し、なおかつ、敗戦後の「自治活動」、「仲間づくり」を新たに「集団づくり」へと止揚した書である。本書は三部構成で、以下のように組まれている（章節は割愛する）。

第一部　学習法的生活指導の理論――宮坂哲文の生活指導理論――

なお、本書は現在絶版で、『竹内常一　教育のしごと』全五巻（青木書店、一九九五年）には収録されていない。

③全生研代表を一九六五年から一九八八年まで務めた春田正治による『戦後生活指導運動私史』（明治図書、一九七八年）は、全生研の運動史としては初の著作であると共に、戦後教育史の書としても高く評価されている。

④全生研の結成以来、理論的な支柱の一人として活動してきた城丸章夫の業績をまとめた城丸章夫著作集編集委員会編『城丸章夫著作集』全十巻（青木書店、一九九二年）も、生活指導と集団づくりの理論構築をたどる上で、重厚かつ多様な論点を展開している。なかでも、その第二巻「民主主義と教育」、第三巻「生活指導と人格形成」は、現在のわたしたちが複雑で見えにくい教育諸問題を読み解くためのいくつかの鍵概念を提示している。

⑤地域の生活指導研究協議会による文献としては、香川生研『班・核・討議つくり』『班・核・討議つくり　改訂版』がある。その中心となった大西忠治による『核のいる学級』『続・核のいる学級』『班のある学級』は全生研の実践の基礎を築いたものであり、その後の指導論に大きく作用している。その後、『大西忠治「教育技術」著作集』（全一七巻、別巻一巻：明治図書、一九九一年）が刊行されたが、その第一巻には『核のいる学級』が未公開実践も加えた形の定本として収録されている。

⑥全生研近畿地区全国委員連絡会編著『共同グループを育てる　今こそ、集団づくり』（クリエイツかもがわ、二〇〇二年）、京都府生活指導研究会／大峯岳志ほか編著『「Kの世界」を生きる』（同前、二〇一三年）も、集団づくりの新たな展開を追究する問題提起の書として知られている。

⑦一九九七年から四年間全生研代表を務めた浅野誠による『集団づくりの発展的検討』(明治図書、一九八八年)は、「班・核・討議づくり」の理論構成を精緻に考察し、集団づくりの新展開の重要な転機を成した書である。

⑧浅野の後、二〇〇二年から八年間同代表を務めた折出健二には、『学習集団の指導過程論』(明治図書、一九八二年)がある。本書は、全生研の学習集団論にも学びながら戦後の実践・研究の系譜を教育方法学的に整理し、教科学習に即した指導方法論を提起したものである。

Ⅳ　民間教育団体等による関連の著作

①日本教職員組合編『私たちの教育課程研究　生活指導』(一ツ橋書房、一九六八年)

本書は、全生研とそれ以外の研究者・実践家の共同執筆によるもので、生活指導の系譜をおさえたうえで、現代の生活指導とは民主的な人格形成をめざす訓育である、として、子どもの生活のとらえ方、民主的集団の特質、集団の指導のすじみちなどを、現場で活用しやすいようにコンパクトにまとめている。

②民教連生活指導部会編『生活指導の民主主義原則』(明治図書、一九七六年)

本書では、「学校における子ども集団」の編成の民主的原則を述べており、その執筆者が竹内常一であることを踏まえると、「子ども集団」概念にはそれなりの歴史性があることを知る手がかりとなる。なお、同書所収の「資料」は一九七〇年から七五年の限られた期間ではあるが、生活指導研究の動向を知る上では貴重な整理である。

③日本生活指導学会編著『生活指導事典　生活指導・対人援助に関わる人のために』(編集代表、竹内

常一、エイデル研究所、二〇一〇年）

本書は、学際性を重視してきた同学会の論議を基に、指導し指導される、援助し援助される関係性を相互応答関係でとらえ直す論点（「はじめに」）を軸にしながら、幅広い見地から生活指導の諸問題を掘り下げている。

＊＊＊

なお、実践記録についての参考文献は、本シリーズの第二巻（小学校）、第三巻（中学校）に参考文献として収録する予定である。

また、宮坂哲文『生活指導と道徳教育』『続生活指導と道徳教育』、竹内常一『学級集団づくりの課題と方法』は常任委員会内に電子図書として保管されているので、必要な方は常任委員会に申し込まれたい。

編者・執筆者一覧

竹内　常一（たけうち・つねかず）編著者・Ⅲ章担当
1935年生まれ。國學院大學名誉教授。全国生活指導研究協議会常任委員。竹内塾主宰。主著として『生活指導の理論』（明治図書、1969年）『教育への構図』（高文研、1976年）『子どもの自分くずしと自分つくり』（東京大学出版会、1987年）『竹内常一　教育のしごと　全5巻』（青木書店、1995年）『教育を変える』（桜井書店、2000年）、『読むことの教育』（山吹書店、2005年）『今なぜ教育基本法か』（桜井書店、2006年）などがある。

折出　健二（おりで・けんじ）編著者・Ⅵ章担当
1948年生まれ。広島大学大学院教育学研究科博士課程中退。愛知教育大学教授を経て、現在、人間環境大学看護学部特任教授。日本生活指導学会代表理事、全国生活指導研究協議会常任委員他。主著として『学習集団の指導過程論』（明治図書）『変革期の教育と弁証法』『市民社会の教育～関係性と方法』『人間的自立の教育実践学』（いずれも創風社）などがある。

楠　凡之（くすのき・ひろゆき）Ⅰ章担当
1960年生まれ。京都大学教育学研究科後期博士課程満期退学。北九州市立大学教授。専門は臨床教育学。日本生活指導学会理事、全国生活指導研究協議会研究全国委員、日本学童保育学会理事。著書に『虐待・いじめ　悲しみから希望へ』（高文研、2013年）『自閉症スペクトラム障害の子どもへの発達援助と学級づくり』（高文研、2012年）『気になる保護者とつながる援助』（かもがわ出版、2008年）などがある。

照本　祥敬（てるもと・ひろたか）Ⅱ章担当

1960年生まれ。大阪市立大学大学院文学研究科後期博士課程満期退学。中京大学教授。日本生活指導学会理事。全国生活指導研究協議会常任委員。主著として『おとなと子どもの関係を再生する条件とは何か』（あゆみ出版、2000年）『アメラジアンスクール―共生の地平を沖縄から』（編著、ふきのとう書房、2001年）『〝競争と抑圧〟の教室を変える―子どもと共に生きる教師』（共著、明治図書、2007年）など。

山田　綾（やまだ・あや）Ⅳ章担当

1958年生まれ。広島大学大学院教育学研究科博士課程前期修了。愛知教育大学教授、現在、附属岡崎中学校長。全国生活指導研究協議会研究全国委員、日本教科教育学会理事。主な論文に『学校と教室のポリティクス』（編著、フォーラム・A、2004年）「『変容する家族』における子どもの生活現実と教育方法学」（日本教育方法学会編『子どもの生活現実にとりくむ教育方法』図書文化、2010年）などがある。

小渕　朝男（おぶち・あさお）Ⅴ章担当

1956年生まれ。東京大学大学院教育学研究科博士課程満期退学。二松学舎大学教授。全国生活指導研究協議会常任委員。専門は道徳教育論、生活指導論。

全生研（全国生活指導研究協議会）
1959年に結成され、50有余年の歴史を持つ民間教育研究団体。英文名は、The Japanese Society for Life Guidance Studies. 全国の支部を基礎に小・中学校の教師を中心に研究者も交えた実践交流と研究討議を積み重ね、夏の全国大会の「大会基調」による研究運動方針は、ひろく日本の教育課題を反映したものである。機関誌は『生活指導』（高文研）。
ブログ https://ameblo.jp/zenseiken/

シリーズ教師のしごと第1巻
生活指導とは何か
●二〇一五年 八 月二〇日――第一刷発行
●二〇二一年 四 月 一 日――第四刷発行
編著者／竹内常一・折出健二
発行所／株式会社 高文研
東京都千代田区神田猿楽町二―一―八
三恵ビル（〒一〇一―〇〇六四）
電話03＝3295＝3415
https://www.koubunken.co.jp
印刷・製本／シナノ印刷株式会社

ISBN978-4-87498-576-2 C0037